JN238581

早く、
社長に
なりなさい。

元スターバックスコーヒージャパンCEO
岩田松雄
Matsuo Iwata

廣済堂出版

はじめに

「早く、社長になりなさい」

いきなり、そんなメッセージを投げかけられると、なかには戸惑う方もいるかもしれません。毎年の新規採用が何百人という大企業なら、社長になれる確率は何千分の1。企業によっては、もっと確率は下がるかもしれません。

つまり、対象となる年代のなかでの確率だけを考えたら、若いビジネスパーソンにとっては、雲をつかむような話。見当もつかなければ、リアリティもない。そんなふうに思う人も少なくないでしょう。

しかし、社長になる道は、大企業でトップを極めるというケースだけではありません。中堅・中小企業なら、競争率はもっと下がります。大企業でも関連会社の社長になるケースもあれば、会社の規模を問わずスピンアウトして独立・起業すれば、その日から一国一城の主《あるじ》です。

私のように、サラリーマン時代にスカウトされて社長業に足を踏み入れることもあります。最近は、実績を買われて、次々と他社から社長にヘッドハントされる「専門経営者」といわれる人が活躍するケースも少しずつ増えてきました。

ひとくちに「社長」といっても、その肩書を得るに至るプロセスはさまざまです。

そのなかで、何千人というライバルとの競争に打ち勝って、大企業の社長になる人だけがすごいのかといえば、決してそんなことはありません。非上場企業であれ、中堅・中小企業であれ、新興企業であれ、地方の企業であれ、社長になれる人というのは、その職責を担うにふさわしい見識と能力をもった人であり、いわば「選ばれた人」であることは間違いありません。

そしてもうひとつ、決定的な共通点は、「高い志《こころざし》をもった人」であるということです。この「高い志」をもつことこそが、私が「早く、社長になりなさい」という言葉に込めた思いであり、私自身の究極のメッセージでもあるのです。

最終的に社長になれるかどうかは、有名企業の多くの社長が語っているように、巡り合わせや「時の運」がカギを握っていることもあります。しかし、「天命が下る前に人事を尽くすかどうか」、あるいは、はるか彼方のゴールはかすんでいるとしても、志をもち続けて努力していくかどうかで、ビジネスパーソンとしての人生は大きく違ってきます。

何よりも、高い志を抱いて山を登りはじめる人には、その人にしか歩めない登頂ルートがある。そして、その登頂ルートでしか見ることのできない「高い志をもった人だけが見る景色」があるのです。

社長を目指す人にしか見えない「景色」を見る喜び。

それは、人を従えたり権力を得ることができた充足感などではなく、ビジネスパーソンとして組織へ献身したり、社会に貢献できる喜びであり、やりがいです。

一刻も早く、とは言いません。しかし、山の頂にある自分の志から目を離すことなく、一歩一歩着実に歩みを進めていってほしい。そんな願いを込めて、本書をまとめました。険しくも希望に満ちた、社長という「頂上」への道しるべになれば、著者としてはこれ以上うれしいことはありません。

本書は、アトラス、ザ・ボディショップ、スターバックスコーヒージャパンと3つの会社の社長を務めてきた私が、その経験を踏まえて、志を高くもつ若きビジネスパーソンに送るメッセージの書です。

岩田松雄

（注）本書には、私が在籍していた日産時代の上司や同僚がイニシャルで登場しますが、ご本人のプライバシーを配慮し、本来のイニシャルにはしていません。ご理解いただければ幸いです。

早く、社長になりなさい。

目次

第2章

《フォロワーシップ》上司は「お客様」だと思いなさい

——部下としての行動ルールはいつも〝マーケティング思考〟

第3章

《時間の使い方》 来た球はすぐに打ち返せ

——誰にも平等な時間なのに、差がつくのはなぜ？

第4章

《逆境克服の法則》

理不尽を喜べ、楽しめ

——逆境との上手なつき合い方、壁の乗り越え方

第5章

《人間力の鍛え方》
熱いうちに打たれろ
——若き時代につくられる「社長としての器」とは？

装幀・本文デザイン　ツカダデザイン

プロローグ

なぜ社長を目指すのか？

チャレンジして
失敗することを
恐れるよりも、
何もしないことを恐れろ。

本田 宗一郎

宣言した日から、社長への道ははじまる

「日産自動車の社長を目指して、頑張りたいと思います」

私のこの言葉に、冷ややかなざわめきが起きたのを、いまでもよく覚えています。大学を出て、ビジネスマン人生の第一歩を踏み出した日産自動車。入社早々の生産課での実習を終え、その後配属された購買部門で新入社員の挨拶をしたときでした。

同期で配属された新入社員は30人ほどいたと思いますが、みな、「精一杯頑張りたいと思いますので、よろしくお願いします」と、新人らしい無難な挨拶が続き、それを講堂に集まった購買部門の上司、先輩たちが好奇心に満ちて聞いていました。300人、いや400人はいたかもしれません。

そのなかで、順番がまわってきた私が、「社長を目指します」と言った途端、ざわめきが起きたのです。新入社員研修ですでに顔見知りになっていた同期の連中にも、「あいつ、何言ってんの?」といった表情で、私を見ていた人間もいたに違いありません。

「何か変なことを言ったのかな……」

実は、その場の反応に、私は正直戸惑っていました。

モーレツ社員という言葉に象徴される高度経済成長期はすでに過ぎていましたが、それでも、会社に入れば社長を目指すことくらい当然だろう、私は大まじめにそう考えていたのです。無難な挨拶をしていた他の新入社員のなかにも、心ではそう思っていた人間も1人や2人はいたのではないかと思います。

もちろん、大学を出たての世間知らずの若造ですから、日産という大会社の社長になることがどれだけ大変なことか、またその職責の重みも全然理解していませんでした。

入社当時の私は、将来日産を辞めることなど夢にも思っていなかったので、「**日産でサラリーマンとして一生頑張るなら、その目標は部長ではなくて、社長だろう。部長を目指す仕事のやり方と社長を目指す仕事のやり方は違うだろう**」、そんな気持ちで宣言したというのが正直なところです。

ただ、素直な気持ちで口にした「社長」という言葉も、私の育った環境や、その後に歩んだサラリーマン生活、さらには社長という職責を担った経験などをふり返ってみれば、それぞれの点と点をつなぐ線のような意味をもっていたのかもしれません。

「社長」の責任と資質を知る

大阪の私の実家は、商売を営んでいました。祖父が創業した小さな会社でしたが、住まいの下にある仕事場で、社員のみなさんが懸命に働いている姿をよく目にしていたものです。夏休みなどには、当然のように、トラックの助手席に乗って、仕事を手伝っていました。将来自分もこの会社を継ぐのかなと漠然と思っていました。

しかし、実直な祖父のあとを継いだ父が、その会社を解散してしまったのです。

父は、もともとが遊び好きな人で、何でもとても器用でした。バッティングセンターに行って、かっこいいとは言えないフォームで、確実に球を打ち返していました。中学生のころはボウリングブームで、よく連れて行ってもらいました。ピンの両端が残る〝セブンテン〟を倒して、大喜びしていた姿をいまでもよく覚えています。

幼いころから競輪場、競馬場、競艇場、パチンコ屋などにもよく連れて行かれました。ほとんど毎晩、家に会社の人や取引先を集めて、花札、囲碁、将棋もしていました。私は小学校に上がる前には、すべて横で見てルールを一通り覚えてしまいました。

父は、祖父からすれば放蕩《ほうとう》息子だったのですが、もともと家業を継ぐのは本意ではなかったようで、いまでも祖父に対して恨みごとを言っています。大学に行って警察官になりたかったそうですが、厳格な祖父のもとで、商売を営む家の長男であるがゆえに、その道が閉ざされてしまった。そんな複雑な思いも抱えていたようです。

実直で厳格な祖父と、放蕩で自由気ままな父。好対象ではあったのですが、私自身は祖父の実直さと父の自由気ままさの両方を受け継いでいるような気がします。

そして、小さな家業とはいえ、人を使う難しさや会社を背負っていくという大きな責任を、何となく子ども心に感じていました。

幼な心におぼろげに感じていた社長の責任の重さ。私はそれを、家業とは違う道を歩むなかで、明確に自覚するようになります。

私が日産自動車を退社後、コンサルティング会社や飲料メーカーを経て、最初に社長に就任したアトラスというエンターテインメント企業。2度目に社長になった、イギリスのザ・ボディショップを日本で展開していたインフォレストという企業。さらに、その後のスターバックスコーヒージャパン。いずれの企業においても、社長という職責を担うためには、経営スキルの習得とともに、「徳」ともいうべき、リーダーとしての人格を磨くことが欠かせないと肌で感じてきました。

社長という最高責任者が身につけるべき人格的な資質。その資質を養い続けていくことにこそ、社長を目指す大きな意味があるのだと思うようになりました。

志が、能力も人格も磨いていく

私自身は3つの会社の社長になったとはいえ、社会人としての第一歩を踏み出した日産自動車では社長になれませんでした。入社早々の「社長になります宣言」も、実現しなかったわけです。

日産に在籍していた13年間、ビジネスパーソンとしては決して順風満帆だったわけではありません。本編でお話ししますが、ノイローゼになるほど深い挫折感を味わったこともあります。

結果的に、日産で社長になる夢は実現できなかったのですが、その大きな志をもったことは、間違いではなかったと思っています。

挫折を乗り越えたことも含めて、かけがえのない「経験」を手にすることができたからです。

ことに、20代のころから「社長」を頭の片隅に置いて努力してきたことは、ビジネス人生の大きな礎になったことは間違いありません。その努力の積み重ねが、社長という職責を得て花開いたともいえます。

社長になってからは、その立場からしか見ることのできないさまざまな「景色」を目にしてきました。

社員が一丸となって改革に取り組む真剣な姿や、売上目標を達成して喜ぶ姿。あるいは、お客様や取引先関係者の喜んでくださる笑顔。それらは、一社員として見る風景とは、明らかに違っていたと思います。

いま20代の人からすれば、その特別な景色を見るまでは長い道のりです。途中、挫折も苦労もあるはずです。しかし、どこかで必ず、リーダーとして仕事の本質に気づく「火花が散る瞬間」に出合うはずです。

そのとき、目の前に景色が少しずつ開けてくる。

その景色は、社長の座につく人間が見る景色に近いものがあるはずです。それは、高い志をもつ人間にだけ許される情景ではないかと思います。

読者のみなさんにも、この「瞬間」が必ず訪れるはずです。

仕事の本質、仕事をやることの意義、そして自分がいまここで働いていることの意味。普段はあまり考えないかもしれない、そんなビジネスパーソンとしての原点に気づくはずです。

そのときのために、いま何をしておくべきか。それを、私の体験を踏まえて5つのテーマに分けてまとめたのが本書です。

第1章から第5章のテーマは次のようになっています。

◎**第1章《20代の覚悟》**……高い志を体現していくために、20代のうちに身につけるべき、仕事に対する基本姿勢。

◎**第2章《フォロワーシップ》**……有能な部下として上司とどう向き合うか。リーダーシップを体得する前段階として学ぶべき「フォロワーシップ」のあり方。

◎第3章《時間の使い方》……誰もが同じに与えられている1日24時間を、中身の濃い時間にしていくために欠かせない時間管理のセオリー。
◎第4章《逆境克服の法則》……ときに理不尽なことも起こるビジネス現場での挫折を乗り越えるための心得。
◎第5章《人間力の磨き方》……将来、まわりから推されてリーダーになる「人としての器」を、いまからどう磨いていくか。

どのテーマも、もって生まれた特別の才能が前提となるものではありません。もちろん、学歴が左右するわけでもない。いずれも、日々の努力がものをいいます。

問題は、日々の鍛錬、意識付けをコツコツと持続していけるかどうかです。基本動作として当たり前のようにやっていけるかどうかです。

私は時々、依頼を受けて講演をするのですが、その参加者の感想コメントとしてよく聞くのは、私の見た目も話し方も「普通のおじさん」ということです。
その通りの言葉だと、私は思っています。留学してＭＢＡを取って、外資系のコンサルタント会社を経て、3社の社長を経験できたことも、決して、自分が特別な存在、エリートだったからとは思っていません。誰でも頑張れば、同じような経験を積めると確信しています。私の若いころを知っている友人たちは、いまでも「あの岩田が？」と不思議に思っているはずです。

ほんの少し自慢できることがあるとすれば、コツコツと努力をする才能は少しもっていたことです。

そのお陰で社長になることができた。そして、社長になった人間にしか見ることのできない「景色」を見ることができたのです。

先ほど、「徳」ともいうべき、リーダーにふさわしい人格というものがあるとお話ししましたが、私はもとよりそんな「徳」が備わっていたわけではありませんし、現在もまだまだです。子どものころは、「あかんたれ」と言われていました。大阪弁で、意気地なしといった意味です。それでいて、社会人になりたてのころは、傲慢で鼻っ柱の強い世間知らず。「徳」などという言葉とは、およそ縁のない人間だったのではないかと思います。

そんな人間でも、揉まれて、少しずつ磨かれていくのが、ビジネス社会の不思議なところです。言い換えれば、その気にさえなれば、能力も人格も磨いてくれるのが、ビジネス社会という鍛錬の場です。

あえて強調したいことは、単なる英語やファイナンスなどのスキルだけを磨くのではなく、自分の人格を磨くことにぜひ意識を向けてほしいと思います。

読者のみなさんは、いまその鍛錬の場にすでに身を置いている人が多いと思います。野球でいえば、千本ノックの洗礼を受けているはずです。

そんな日々の鍛錬のなかで、もうひとつ意識を高くして、自らをさらにレベルアップしていくにはどうしたらいいのか。

次の第1章から、私なりの体験的なエピソードもまぜながら、みなさんと一緒に考えていきたいと思います。

第1章

変化球は覚えるな

《20代の覚悟》

働くことの意味、
仕事への向き合い方を考える

仕事とは、
自己形成なんです。

樋口 裕一

体に流れる熱い血を忘れてはいけない

つい数カ月前まで、学生として自由気ままにしていた新入社員は、研修を受け、現場に配属され、社会人として揉まれていきます。ビジネスの厳しさに身をさらし、仕事のルールを叩き込まれていきます。ときには、理不尽とも思える現実にぶつかることもあります。最初にお話ししておきたいのは、若いころによくぶつかる「理想と現実との葛藤」のなかで自分の立ち位置をどう見定めるか、ということです。

どう考えてもおかしく、我慢できないこともある

私が日産自動車に入社後、正式に配属されたのは、購買管理部技術課という部署でした。自動車部品を調達する協力会社への経営指導や生産管理指導などがおもな仕事でした。ま

ず現場を学ぶために、横須賀市にある日産の追浜《おっぱま》工場生産課に研修配属されました。

私の最初の仕事は、車のシートの縫製工場での標準作業や標準時間の設定でした。

工場で、私の仕事相手になっていただいたのは、親ほどの年齢の〝組長さん〟と呼ばれる現場のリーダーです。最初のうちは「本社からまた新人さんが来たか」くらいの目で見られていました。打ち合わせを何度お願いしても、なかなか応じていただけません。

現場に足を運んでも、「いまは忙しいから、あとで来て」の繰り返し。ひとりに限らず、なかなか時間をとって話をしていただける組長さんは少なかったのです。

そこで、製造ラインが動いている就業時間内はあきらめ、ある組長さんに「今日の夕方6時からいかがですか？」とお願いをしてみました。すると、間髪を入れずに、

「いや、今日は組合活動があるからダメだ」

組合？　私はプツンと切れてしまいました。

「いったい、あなたは誰から給料をもらってるんですか。組合からじゃないでしょう！」

右も左もわからない若造が、自分の親ほど年が離れている大先輩に向かって、こんな言葉をぶつけてしまった。そのときは、我慢できなかったのです。

後日この一件は、さらに大きな波紋を広げてしまいました。

「お前は、何てことをやってくれたんだ！」と、数日後に顔を真っ赤にして怒鳴り込んできたのは、組長さんの上司にあたる製造部長でした。職階でいえば管理職で、組合側と対峙《たいじ》しているはずの、いわば〝会社側の人間〟です。その製造部長に「お前はもう、出入り禁止だ！」と怒鳴られてしまいました。

当時の日産は、組合の力が絶大で、経営幹部どころか社長人事にも口を出すほどでした。国政選挙があれば、就業時間内に工場をあげて電話による選挙活動なんかもしている。そのため選挙期間中は、工場に電話がつながらないほどでした。

そんな組合と経営側との馴れ合いは、社内では暗黙の了解事項。管理職にとって最大の仕事は、組合とうまくやっていくことでした。製造部長からすれば、その組合活動の邪魔をするとは何ごとか、というわけです。

組合そのものが悪いとは思いません。しかし、仕事の現場にまで悪影響を及ぼすような組合活動は、普通の常識感覚からすれば、どう考えてもおかしい。

組合が工場や職場を支配している異常な空気は、まだ新人の私にも、明らかに違和感のあるものでした。

理不尽なことに背を向けてしまったら、負け

おそらく当時の私は、組合側にとっても会社側にとっても、×マークの付く、評価されない問題児だったでしょう。

暗黙の了解事項とあうんの呼吸が行き交う職場の風土からすれば、空気を読めない新入りの若造です。

当時、製造現場では、組合活動を一所懸命やった人が、その上の係長になっていくのが常でした。ですから、その組長さんが言うことは、いまの私には理解できます。ただその時は、許せなかったのです。

当時の日産自動車は、ライバルのトヨタ自動車に比べると、1台あたりの生産コストが5万~10万円も違うといわれていました。日産の製造現場は20年、トヨタに遅れているともいわれていました。

生産性の低さは、のちにルノーの救済を受けてカルロス・ゴーンさんが日産に乗り込んでくるまで、日産の凋落《ちょうらく》の大きな要因のひとつでした。

「日産を何とかしたい！」

私は、5万人を超える大会社の一ヒラ社員でしたが、真剣に心からそう思っていました。その熱い心にうそ偽りはありませんでした。

どこの会社でも、理想と現実のギャップはあるはずです。若いときほど、その狭間《はざま》で揺れ動きます。ときには、押しつぶされそうになることもあるでしょう。**しかし、現実は現実として受けとめるにしても、決してその現実に、やすやすと流されないでほしい。**

へんに悟る必要もなければ、気負う必要もない。もがき苦しみながらも、熱い思いを忘れないでほしいのです。20代という若さならではの熱い思いを——。

組合とはその後も何度かぶつかることがありましたが、本社に戻ると、本社の組合から青年部の役員になるよう要請されました。「文句ばかり言っていないで、内部から組合を立て直すべきだ」という友人からのアドバイスに従い、引き受けたのです。

組合の役員会の場では、いつも「正論」を吐いていましたが、のちに戦後初めて日産が赤字になったとき「座して死は待てない」と、本社だけでなく工場や研究所を巻き込んだ若手社員の社内改革組織、「脱兎《だっと》倶楽部」を設立したりしました。

もし、いまのあなたも、理想と現実の狭間で揺れ動いているとしたら、軸足は間違いなく理想のほうに置くべきです。理想にしっかり足をつけながら、現実にどう立ち向かうかを考えてほしいのです。

現実の壁を崩せるときが、必ずやってくるはずです。

愚直に、仕事の基本動作を身につける

20代のころは、仕事に向き合う基本姿勢としては、川原の石ころのような無骨さがあっていいと思います。同じ川原の石ころでも、角が丸くなった下流の石ころではなく、上流の川原に転がっているようなごつごつした石ころです。

丸い石ころは簡単に流れに流されてしまいます。角ばった石ころは、いろいろなものにぶつかり、引っかかり、苦労が多いものです。だからこそ、いろいろな物ごとを吸収して、味わいのある石になっていくのではないでしょうか。

無骨ではあるけれど、まっすぐ。それが大切です。

「まっすぐ」を貫こうとすると、先ほどの話のように、ときにはまわりとぶつかることもありますが、そこは信念の勝負です。傲慢になってはいけませんが、自分を信じるしかありません。

ただ、若いときは、まわりとの軋轢《あつれき》以上に、まず自分の「志」と「正義感」が問われます。**仕事に対して、愚直なまでに誠実に向き合えるか。仕事の基本動作を身につけられるかどうかが問われます。**

セールスの基本は、お客様の心をまず開くこと

愚直なまでに基本動作を身につける。私がその大切さを心に深く刻んだのは、入社3年目。購買管理部から、大阪のサニー大阪という系列販売会社に19カ月間のセールス出向を命じられたときです。

自動車メーカーに就職すれば、一度はセールスの現場を経験するのはよくあることです。出向の辞令をもらったときは、はたして自分は車を売ることができるのか、自信はまったくありませんでした。

出身は大阪でしたが、関西では日産は弱く、既納先（サニーに乗っているお客様）が少ない、地盤の脆弱《ぜいじゃく》なテリトリーでした。前任の出向者も大変苦戦していました。

自分のテリトリー内に知り合いがいるわけではなく、毎日、ひたすら〝飛び込み〟を繰

り返しました。しかし、最初の3カ月は1台も売れませんでした。

そこで私は、まず20冊ほど車や生命保険のトップセールスマンの書いた本を片っ端から買ってきて、読み込みました。

それらの本に書いてあることは、業界が違っても、だいたい同じことが書かれていました。人間関係をつくっていくうえでのエチケットや、高額商品になればなるほど、お客様との人間関係を構築していくことが、とても大切だということが書かれていました。

実際にセールスのテクニックをいろいろ試してみると、本に書かれている通りです。

何気ないひと言で相手の警戒心が解かれて、聞く耳をもってくれるようになる。モノを売るためには、お客様と心を通わせないことには一歩たりとも先に進めない。そんな基本中の基本を学ぶことができました。

営業所の所長から教えられたことや本に書いてあるトップセールスマンからのアドバイスを忠実に一つひとつ守るようにしていると、車も少しずつ売れるようになりました。

ただし、いくら売れるようになっても、基本は大切にしました。たとえばセールスでお客様が契約書にサインをしてくださったときには、必ず手付金をいただくようにしていました。

これが現場では意外と守られていないことが多いのです。「買う」と約束したお客様に、あえて手付金をもらうのは、相手を信用していないと受け取られかねない。そんな気兼ねがあるからでしょう。

私は、どんなに親しくなったお客様に対しても、契約書にサインをいただいたら、その場で、「できれば5万円いただきたいのですが……。1万円でも、2万円でも結構です。そうしないと所長に怒られるのです」と必ずお願いしていました。生真面目に手付金の受領を守り通していたのです。

こんな基本動作のおかげで、私は一度も翌朝〝キャンセル〟のお電話をいただくことはありませんでした。

お客様と心を通わせながらも、締めるべきところは締める。それが商売の鉄則であることを、肝に銘じたものです。


若いころの仕事は、その80パーセントは、基本動作の積み重ねです。

車の営業であれば、一軒一軒違うお客様のお宅を訪ね、セールストークから始まって成約、納車に至るまで、一つひとつのステップは基本動作の連続です。いただいたハンコの朱肉を拭う、玄関で靴を揃える、トイレは済ませて伺い、決してお借りしない、新車購入後の定期点検のときはサービスに任せきりにしないで、必ず自分も顔を出す……。

愚直なまでに、その基本動作を貫けるか。当たり前のことを当たり前にできることが求められるのが、20代という年代なのです。

仕事から人生を学ぶ

セールスの仕事をしていると、さまざまな体験をします。

夏の暑い日、路地の角から角まで石塀に囲まれた大きな屋敷に飛び込みセールスをしたときのことです。インターホンで「日産自動車の岩田です。お車の調子はいかがですか?」と言うと、おばあさんの声で「暑いのにご苦労様。勝手口に回ってください」と言われました。

裏口に行ってみると、優しそうなおばあちゃんが手招きして台所に入れてくれました。

「暑いのにご苦労さん。頑張ってくださいね」

そう言いながら、真っ黒に変色したバナナを私に差し出すのです。

「これでも食べてくださいな」

その言葉はうれしくもあったのですが、内心は複雑でした。

「私はモノをもらいに来たわけではないのに……」

そんな思いが胸に込み上げてくるのです。

「ありがとうございます！」

私は黒いバナナを食べながら、情けなくて心で泣いたこともありました。


またセールスという仕事柄、多くの家を訪問します。いろいろな家庭があり、それぞれに幸せの形があることを実感しました。いくら大きなお屋敷の家でも、家族がバラバラで幸せそうには見えなかったり、6畳2間に親子4人の生活でも、明るく楽しい家庭があったり、決してお金の量と幸せは比例関係にないことを学びました。

ある2世帯家庭では、お嫁さんと姑さんどちらも、1人ずつ会うととてもいい人なのに、なぜか仲がうまくいかなくて、双方から相談を受けたこともあります。本当に嫁姑問題は根が深いなあと実感しました。

学生時代、野球とアルバイトばかりしていた世間知らずの私にとって、いろいろな家庭を訪問することは、とても貴重な経験でした。

お宅を一軒一軒訪ね歩くことは、仕事の基本動作の繰り返しではあるのですが、積み重ねていくにつれて、仕事の意味や人生のあり方といった、もっと大きなものに向き合っている自分を感じていたように思います。

仕事の報酬は、仕事

どんな会社にも、花形部門というのがあります。金融であれば法人営業のセクションであったり、流通・小売であれば、バイヤー、マーチャンダイズ部門であったり。自動車メーカーなど製造業では、一般的には研究開発部門です。ただし、大企業になると、経営戦略を担う経営企画室や財務部門が会社の中枢になっていたりもします。

やる気のある人ほど、いつかはその花形部署で力を発揮したいと思うものですが、現実は、必ずしも自分の希望通りというわけにはいきません。

大事なのは、どんな部門であれ、そこで履歴書に書けるような実績を残すことです。とくに若いうちは、志を胸に秘めつつも、目の前の仕事に全力投球しなければなりません。

上司は「陰の努力」も必ず見ている

私が大阪の販売会社へセールス出向を命じられたときは、正直、「どうして？」という思いがありました。しかし、「絶対に一番になる！」という決意のもと、基本に忠実に現場経験を踏んでいくうちに、セールスや商売の本質的なことを少しずつ学んでいきました。

車が売れ始めると、仕事が楽しく思えるようになりました。そして、どうせやるなら、トップを目指す。入社早々「社長になります宣言」をしたような心境です。

各販売店への出向者のなかでトップになった人には「社長賞」が贈られる制度があり、私はその社長賞を目指したのです。


目標を高く掲げたとしても、やはり、やることは地道な基本動作です。飛び込み訪問を徹底的に繰り返し、顔スタンプ入りの名刺を渡して顔を覚えてもらう。可能性のあるお宅には再度足を運び、見積もり書をお渡しする。自分でつくったチラシのポスティングもルーティンワークのひとつでした。

そんな当たり前のことを丹念に続けていると、ある時を境に、成約件数がどんどん伸びていくようになります。お客様に気に入られると、新たなお客様を紹介してもらえることもあります。結果、1年半の出向期間中に、とても多くの車を売ることができました。これは、サニー大阪に出向した営業マンの歴代1位の記録にもなりました。

目指していた社長賞をもらうこともできましたが、私が何よりうれしかったのは、出向期間を終えて東京に戻るときに、販売会社の社長さんからみんなの前でこんな言葉を贈っていただいたことです。

「岩田が偉いのは、誰よりも多く名刺を配ったことだ。普通の出向者の100倍、2万枚の名刺を岩田は配った」

まさか販売会社の社長が、一営業マンが使った名刺の数まで知っていたとは意外でした。車を売った台数以上に、売るためにやっていた苦労を、ちゃんと見てくれていたのです。

結果以上に、プロセスに目を向ける。この視点は、のちにリーダーとしての修業を積んでいくときに、私の重要な指針となりました。

全力投球してこそ経験は生きる

大阪から戻って配属されたのは、出向前と同じ購買管理部でしたが、今度は、協力会社の品質改善活動に取り組む仕事です。「黒表紙」と呼ばれる品質改善のマニュアルを改訂したり、「リコールの再発防止」などを通じて、取引先の品質改善を啓発していく、非常に地道な仕事でした。

品質管理はもちろん初めての業務でした。社内品質管理資格の検定試験があったので、その資格を取ることにしました。せっかくのチャンスですから、その道の専門家レベルになろうと考えたのです。

試験は「統計的品質管理」「実験計画法」など、かなり専門的な手法を使った実践などがあり、それなりに難関でしたが、無事、合格しました。

資格取得者になれば、社内で品質管理の専門家として認められ、各部署の品質管理担当者に講義をすることもできるのです。

郷に入《い》っては郷に従え、です。どんな部門でも、どんな仕事でも、目の前の仕事に全力投球する。その時々で自分のもてる最大限の力をふり絞り、確実に実績を残す。その実績が、必ず「次」につながります。

私の場合でいえば、のちに社内制度を使って、UCLA（カリフォルニア大学ロサンゼルス校）のビジネススクールに留学することになるのですが、そんなチャンスをつかむことができたのも、サニー大阪の社長さんをはじめ、多くの方が応援してくれたり、社内での実績の一つひとつが評価された結果だと思っています。

いま、あなたが希望通りではない部署にいるとしたら、まず目の前の仕事で実績をあげることです。

そんなあなたをちゃんと見ていて、あなたの希望をかなえてあげようと応援してくれる人が必ず現れます。そう信じて間違いありません。

私自身、自分の人生をふり返って、一所懸命に頑張っている限り、無駄なことはひとつもありませんでした。あとで必ずその経験が生きてきます。

間違いなく、そう断言できます。

何があっても、毎日の〝ルーティン〟は怠るな

いま自分は意に添わない仕事をしているが、組織だからやむをえない……。そんな「やらされ感」を背負ったままでは、たとえ希望通りの部署に行けたとしても、おそらく大した仕事はできません。

配属の辞令を受けた段階で、仕事人としてのプライドをもってしかるべきです。どんな部署でも、どんな業務でも、「その仕事のプロになってやる!」という覚悟をもつことです。

私は品質管理の仕事のあと、突然、産業機械事業部の購買担当セクションに異動を命じられました。自動車メーカーで、フォークリフトを作っている事業部への異動ですから、普通に見れば左遷です。事業規模も自動車の約１００分の1くらいの事業部でした。

その辞令をもらった日、私が辞表でも出すと思ったのか、同期の友達が自宅に何人も来

てくれ、「おい、岩田。辞めんなよ！」と励ましてくれました。ただ私自身はといえば、この新しい部署で、また頑張ればいいんじゃないか、くらいの気持ちでいたのです。

客観的に見れば確かに左遷のようですが、ものは考えようです。

私はもともと自動車の部品購買をするために、品質管理や生産管理の勉強をさせてもらっていました。もし入社4、5年目で車のバイヤーになったとしても、部署自体が300人、400人規模の大きな部署ですから、仕事はデータインプットや先輩の補助的な仕事がメインでしょう。ボルトやナットだけでも何億、何十億円となるので、扱う金額は大きいのですが、若いうちは仕事の範囲がすごく狭いのです。

それに対して、産業機械事業部の購買は10名ぐらいの規模です。扱う金額は小さいけれども、上は新日鐵から下は小さな町工場までと幅広い取引先から、いろいろなフォークリフト部品の購買をすることができました。

また自動車以上に国際化が進んでいたので、たとえば韓国の鋳物を輸入する、台湾の材料を持ってくる、スペインの部品をアメリカに持っていくという具合に、非常に国際的な購買業務の勉強ができました。結局、日産在籍中、一番長い4年間いたのが、この部署でした。

海外留学。TOEIC300点からの挑戦

当時の日産は、業績の低迷と組合が強かったこともあり、残業規制がありました。定時の5時半にはみんな帰らされていたのです。冬場はまだいいのですが、夏場などまだ明るい7時前には家に着いてしまう。

最初のうちはパチンコ屋さんに行って時間を潰していましたが、当然入らないし、お金も続かない。

「日産の社長を目指すつもりで張り切っているのに、こんな明るいうちに帰っている自分って何なの?」

もっとバリバリ仕事をしたいと、フラストレーションは溜まるばかりでした。

悶々としているときに、友人から教えられたのが、日産の留学制度でした。単なる語学留学ではなく、ビジネススクールで2年間みっちり経営の勉強をする。「これは本物だ!」と友人も強く勧めてくれました。

「じゃあ、それを目指そう!」

私の新たな目標ができたのです。

日産の社内留学制度は、毎年数名の若手をアメリカの「トップ10スクール」に派遣する制度でした。「トップ10」といっても、厳密に10校というわけではなく、ハーバードやスタンフォードなど、だいたい20校ぐらいを指していました。

アメリカのトップ10スクールに入学するには、TOEICでいえば最低900点は必要といわれていました。しかし当時、私のTOEICの成績は300点くらいしかなく、かなり無謀なチャレンジでした。手始めに問題集を買ってきて、TOEFL（英語のテスト）やGMAT（アメリカ大学院の共通テスト）の問題をやってみたときは、3分の1もわからなくて絶望的な気持ちになったことを覚えています。

当時、日産自動車の英会話クラスは7段階あって、私もさっそく申し込んだのですが、なんと人事から、断られてしまったのです。通知には「岩田さんは、まず自分で中学英語から勉強してください」と書かれていました。当時の私の英語力では、一番下のクラスにも入れなかったのです。

そこから猛勉強が始まりました。平日は文字通り朝昼晩、土日も起きている時間は、ずっと英語の勉強に明け暮れました。その甲斐あって約1年で700点取れるまでになりました。さらにもう1年かけて900点取れるようになりました。あまり得点が急に上がったので、人事からカンニング疑惑がかかるほどでした。

社内留学制度は、給料をもらいながら、2年間ビジネススクールに行かせてもらえます。加えて、授業料や生活費の面倒もみてもらえるのですから、やる気のある若手にとっては、目指すべき大きな目標でした。当然希望者が多く、競争率30倍くらいでした。

私がいたのは日産の本流の自動車から外れた、フォークリフト事業部ですし、さらに海外営業など華やかな部署ではなく、購買という地味な職種ですから、主流から見ればかなり端のほうにいました。普通ではなかなか選抜してもらえないと思っていました。

しかし、人生本当に、何が幸いするかわからないものです。これまでの私の頑張りを認めてくれたサニー大阪の社長(当時、日産の常務)の強力なサポートや、それまでの購買での実績や車を売った実績も認められ、運良く日産自動車の社内留学制度の選考に受かったのです。

ときには理不尽なことも起こりうるビジネス現場では、気分が滅入ることもあれば、ス

トレスがたまることもあります。しかしそれは、自分を鍛える〝冷たい滝〟だと思って、「その仕事のプロになる」という志を忘れてはいけません。もちろん気構えだけでなく、具体的な実践も必要です。

精神的にも肉体的にも、どんな辛いことがあったとしても、コツコツと毎日のルーティンに取り組む。それが、プロとしての基本姿勢です。そうすると必ず応援してくれる人が現れます。見ている人は、ちゃんと見ているのです。

「動き」と「働き」の決定的な違い

就業時間中に仕事と向き合う姿勢だけでなく、オフタイムに自学自習をしようとするのであれば、その勉強時間の確保も、自らに課したルーティンのひとつです。

私の読書法については、第3章で詳しく触れますが、ここでは、私の若いころに手にした1冊の本についてお話しします。

「改善の神様」「ものづくりの神様」ともいわれた、トヨタ自動車の元副社長・大野耐一《たいいち》さんが著した『トヨタ生産方式』（ダイヤモンド社）という名著がそれです。

大野さんは、「かんばん方式」といわれるトヨタの生産方式を体系化した方で、この本は、生産管理の仕事をしていた私にとって、バイブルともいえるものでした。

もちろん、当時の日産自動車にも、生産管理システムはありました。しかし、トヨタに比べれば「20年は遅れていた」というのが私の印象です。

追浜工場に配属されて間もなく、大きなトラブルで生産ラインが止まったことがありました。現場は大混乱。生産課の人間がみんな集まった輪のなかで、ひとり〝生産管理のベテラン〟が、大きな製造ラインの計画表を睨《にら》みながら、いろいろ指示を出していました。私は日産のような大企業なのに、あまりに原始的、アナログ的な対応に驚いたことを覚えています。

実は日産にも以前から、「同期化実験」といって、かんばん方式と同じ考え方がありました。ただ当時の日産では、組合の反対もあり、日の目を見ないままに葬られたと聞いていました。

『トヨタ生産方式』に、いまも記憶に鮮やかに残っていることがあります。

——生産現場の作業者の「動き」を「働き」にしなければならない。つまり、いくらよく動いても、働いたことにはならない。「働く」とは工程が進み、仕事ができあがっていくことがはっきりと「認識」されることで、正味作業の比率を高めることである——

この、「動き」と「働き」の違いの指摘は、30年以上たったいまも覚えているほど、インパクトがありました。

「働く」は、にんべんに動くと書きますが、にんべんとは人。**つまり、人の知恵が介在して初めて、仕事としての付加価値がつく。**まさに、仕事の本質を突く言葉でした。

と同時に、トヨタ自動車という会社の本質が、「ラーニング・オーガニゼーション」（学習する組織）であることも身に染みてよくわかりました。

単なる「動き」を、価値ある「働き」にするために、現場で「なぜ？　なぜ？」を繰り返して、議論に議論を重ね、徹底的に無駄を省く努力をたゆまず続けていく集団、それがトヨタであったわけです。

私は、工場の現場で組合の人たちと〝格闘〟しながらも、一方で寮に帰れば、大野さんの著書をはじめ、トヨタ式生産管理に関する本をむさぼるように読んでいました。

1日1〜2時間は仕事に関する本を必ず読む、それが当時、自分に課していたルーティンでした。

学びの「型」を積み重ねていく

会社から一歩外に出ても、自己研鑽、自己啓発を怠らない。この基本姿勢には、誰もがうなずきます。しかし、往々にして、「怠らない」は、「できるときにやればいい」「気がついたときにやればいい」「必要に迫られたときにやればいい」といった甘えを自分に許すようになります。

「怠らない」は、怠る日があってはならないということです。

つまり、毎日続けるということです。1日何時間もやらなくてもいい。1時間でも、たとえ30分でもコツコツと続けることが大切なのです。

そのためには、習慣化してしまうことです。決まった時間に机に向かう、本を広げる。

昔から「三上の教え」と言って、馬上・枕上《ちんじょう》・厠上《しじょう》で寸暇を惜しんで、時間を有効活用することがいわれています。いまなら、馬上は電車の中、ということになるでしょう。

ベッドの中、トイレの中でもちょっとした時間を有効活用することができます。私はお風呂の中で経済誌を読むことを習慣化していますが、これも私にとってはルーティンの一つです。


毎日必ずやるルーティンをもつようになると、それが、「学びの型」となります。どんなことであれ、「型」を積み重ねていくことが大切です。

その型を学ぶなかで、先ほどの大野さんの言葉のように、仕事の本質を見抜く言葉との出会いも生まれてくる。それが、10年、20年後に花開く、大きな財産になることはいうまでもありません。

「型」を守るスタイルを、徹底して身につける

仕事の基本姿勢として、20代に身につけるべき「型」の原理原則があるとすれば、「守の型」を身につけることです。この場合の「守」は、攻撃に対する防御という意味での「守」ではなく、型を守るという意味での「守」です。

まず、自分の「型」をつくり出す

20代においては、「型」を守ることが、ことのほか大切になります。では、その守るべき「型」とは何か？

それは、先輩・上司の教え、見識や経験をもつ人が本のなかで語っていること、その他、世間一般の常識とされていること、業界の不文律、伝統、決まりごとなどなど。良きもの

として受け継ぐべき基本動作です。

身をもって習得すべき「型」を徹底的に叩き込む。これが、20代にやるべきことです。ですから、**私は若いときは「ハウツーもの」の書籍や雑誌記事を読むことにも賛成です。**時々ハウツーものを馬鹿にする空気を感じることもありますが、若いときは自分の「型」をつくるためには必要な勉強です。

前述の大阪でのセールスマン時代には、生命保険や車のトップセールスマンの本を20冊ぐらい片っ端から読み漁《あさ》りました。そうしてセールスの基本の「型」を身につけました。「手付金は必ずいただく」と基本を守ったことも「型」です。お客様に、「そんな杓子定規なことを……」などと言われても、

「いやぁ、所長がうるさくて。申し訳ありません」

これでいいんです。いくらお客様に突っ込まれても、そこに若手社員の判断の余地はありません。

杓子定規、融通がきかない、カタブツなどと言われても、これは守り通さなければなら

ない「守の型」です。

愚直なまでにこの「守の型」を守り通せる修業を積んだ人間にこそ、やがて、その「守」を破る機会と権利が与えられるのです。

「暗黙知」を型として覚える

日本の茶道や武道の世界で、「守破離」という言葉が使われているのをご存じの方も多いと思います。

「守」とは、師匠や先輩からの教えを型として徹底して学ぶ修業段階です。その「守」を繰り返し、体で覚えられるようになると、自分に合った、より良い型を見出す段階に入ります。つまり、師匠・先輩の型を破る「破」のステージです。

そして最終的には、師匠や先輩の型、さらには自分自身の型からも離れて、自由自在の境地に入る。それが「離」という究極のステージです。

ビジネスの世界では、この「守破離」の「守」を徹底してやるのが20代です。

仕事には、マニュアルのように言葉や文書で明示できる「形式知」の他に、文書やデータではなかなか伝えきれない「暗黙知」といわれるものがあります。ベテランの技術者が感覚的につかんできた経験則といわれるものも「暗黙知」の例です。

しっかりした企業は、暗黙知が世代を経て受け継がれています。

あうんの呼吸ともいえる暗黙知を、まずは徹底的に身体で覚えるのが20代なのです。もちろん、見よう見まねでなぞるだけで体得できるものではありません。失敗もし、先輩や上司に怒られながら、体に刻みつけていくものです。

それができなければ、「破」もありえない。もちろん「離」にはとうていたどり着けません。「守る」ことあってこその「破る」であり「離れる」なのです。

「慣れ」と「慢心」を放置してはいけない

入社3年目くらいになると、最初に配属された部署の仕事もひと通り覚え、何となく一人前になったような心境になります。本質的には、まだまだ大したレベルではないのですが、そんな気分になってしまうのです。

待ち受けているのが、「なれ」の落とし穴です。慣れというより、「馴れ」。「馴れ合い」「馴れ馴れしい」の「馴れ」です。

「二度とするな」という言葉に込められた重み

私にも痛い経験があります。日産に入社してちょうど3年目。購買管理部に所属していたときのことです。

M課長という上司がいました。囲碁・将棋にゴルフ、麻雀と趣味が多彩な人で、人当たりも良い如才のないタイプでした。〝社内営業〟だけで課長になったといわれていた人でした。

そのM課長と、部品を仕入れている協力会社を定例監査のために訪ねたのです。

マニュアルにもとづいて社内体制をチェックし、そのあと型通りの講評をする。それが私の役目だったのですが、協力会社の役員の方々を前に講評を始めていると、横からM課長がしきりに「早く終えろ」という合図を送ってくる。

何か用事でもあるのかと早回しで講評を終えると、連れて行かれたのが雀荘《じゃんそう》でした。協力会社の役員2人、そしてM課長と私という4人のメンバーで麻雀卓を囲むことになったのです。

私は、これも親睦《しんぼく》の一環かというつもりで、気軽に麻雀を楽しみました。そして、運良く勝つこともできた……。

しかし、翌日。私は、直属の上司、F係長に呼びつけられました。

F係長は、M課長より3つか4つ年下ですが、私が日産時代にもっとも尊敬していた上司でした。日産を愛してやまない熱い情熱をもち、とても勉強家で豪快な人でした。上司に対しても、ちゃんとものを言える人でした。

私に仕事のイロハを叩き込んでくれたのもF係長で、部内では一番仕事のできる人だと思っていました。

尊敬するそのF係長が、静かに、そして諭《さと》すように私に言うのです。

「いいか、岩田。昨日みたいなマネは今後、二度とするな」

麻雀のことを言っているのは、すぐに察しがつきました。おそらく、私を送り出した直属の上司として、協力会社の担当者に電話をしたのでしょう。そのとき、たまたま先方から「実は昨日……」と麻雀の話が出たのかもしれません。

やはり、勝ったのがいけなかったのか……。

と思ったとき、ハッと思いました。協力会社は、いわば下請け業者です。納品先の担当者に、〝わざと負けて喜ばせる〟そんな接待麻雀をしていた可能性だってあるわけです。

F係長は多くは語りませんでしたが、「いくら上司に誘われたからといって、唯々諾々《いいだくだく》と接待麻雀について行くなんて社会人失格だ」、そう言いたかったに違いありません。

多くを語らないぶん、余計にF係長の「二度とするな」という言葉は、下腹を押し込むような重みがありました。

「自戒」は、リーダーになるための条件

麻雀の一件は、まさに、ボディブローのようにズシンとこたえました。

協力会社の人からすれば、日産は大切なお得意先です。発注側と受注側という力関係からいっても、あきらかに日産のほうに主導権があります。私はその力関係の上で、のうのうとあぐらをかいていたのです。

お気楽というのか、能天気というのか、あるいは鈍感というべきか。自分が置かれた立場を十分に考えようとしなかったのは、やはり慢心があったのではないかと思います。まさに、「馴れ」の落とし穴です。

慢心と馴れを放置すれば、やがては、驕《おご》り、思い上がり、うぬぼれと、どんどん自己肥大を起こしていくようになります。

仕事をひとりでこなせるようになればなるほど、一方で、自分を戒めなくてはいけないことも多くなってきます。

自立的な仕事には必ず責任が伴うし、仕事に対する自信とともに、謙虚さがなくてはなりません。

常に自分を戒めておくことができるかどうかは、自らの成長を推し量るバロメーターともいえます。自戒を忘れない人間にこそ、リーダーになる資格があるのだと思います。

「ミッション」を進化させていく

志を高くもつ人ほど、「自分はいったい何のために働くのか？」という根源的な問いに向き合うことになるはずです。

また、仕事で壁にぶつかったり、思うようにならないときにも、この問いが頭をもたげてくることがあります。

私たちは、いったい何のために働くのか——。

つまり自分の「ミッション」について深く考える必要があります。

最近は、会社や社員一人ひとりの行動理念、行動規範としてミッションを掲げる会社も多くなりました。

私がかつてＣＥＯを務めていたスターバックスでは、次のようなミッションステートメントがありました。

人々の心を豊かで活力あるものにするために――
ひとりのお客様、一杯のコーヒー、そしてひとつのコミュニティから

私はこのミッションが大好きです。企業が対外的に発信する理念として、そして、対内的にはパートナー（スターバックスでは店舗で働く人たちもＣＥＯも立場に関わらずこう呼びます）が常に胸に刻んでいる言葉です。

実際、スターバックスでは、このミッションが、「何のために働くのか」「何を目指していくのか」という問いとともに、パートナー一人ひとりに深く浸透しています。

それが、モラール（士気）の高さや、感動の接客サービスにつながっています。

スターバックスでは企業の姿勢として定めたミッションが、個人（パートナー）のミッションとしても深く共感され共有されています。

組織のミッションとは別に、自分のミッションをもつ

企業が定める、自らのアイデンティティに関わるメッセージとしては、経営理念、ミッション、ビジョン、バリュー（行動規範）と、さまざまなものがありますが、それらは社会のなかで果たそうとする役割、使命、将来に向けての進むべき方向性、何を大切にしながら達成していくのか、を意味しています。

そのなかで、ミッションは文字通り「社会的な使命」というにふさわしいものですが、会社によっては、ミッションとして明示していない場合もあります。仮にあったとしても、それをそのまま個人の「働く意味」ととらえ直したときに、すっと腑に落ちない場合もあるかもしれません。

私は、個人としても自らのミッションをもつべきだと思いますが、それは会社のミッションと必ずしもイコールでなくてもいいはずです。

将来、独立して社長としてミッションを掲げるとか、あるいは現在の会社で社長になったときに、ミッションを新たに定める場合は別ですが、組織の一員として考えるなら、会

社と個人を分けて考えるのは、むしろ自然なことかもしれません。会社のミッションに共鳴でき、自分のミッションと矛盾しなければ、それでよいと思っています。

たとえば、経営学者のジム・コリンズは、著書『ビジョナリーカンパニー』（日経ＢＰ社）で、「ハリネズミの理論」として、①情熱をもって取り組めること、②世界一になれること、③経済的原動力になるもの、この3要素が重なる点を、経営戦略の真ん中に据えることを提唱しています。

私はこのコリンズが挙げた3要素は、個人のミッションを考えるうえでも参考になると思っています。たとえば、こう言い換えることができます。

①情熱をもって取り組めること　⇓　好きなこと
②世界一になれること　⇓　得意なこと
③経済的原動力になるもの　⇓　何か人のためになること（対価として収入を得る）

「好きなこと」「得意なこと」「何か人のためになること」、この3要素をそれぞれ円にして、3つの円が重なるところに、自分には何ができるのか、何を目標にできるのかを書き込んでみるのもいいでしょう。

そんなふうにして、自分のミッションを考え、日々の行動指針として、いつも意識することが大切です。

根源的な問いを立てる

ここでひとつ付け加えておきたいのは、個人としてもつミッションは、若いうちはどんどん変わっていってもいいということです。

言い換えれば〝進化〟させていっていいのです。

好きなことが変わることもあれば、得意なこともさらに増えていく可能性もあるわけですから、数年レベルで変わっていってもかまわない。**むしろ、そのふり返りと見直しがあってこそ、やがて自分の人生観にピタリとはまるミッションに進化していくはずです。**

とはいえ、人生を賭けるような大きなミッションは、すぐには見つからないかもしれません。とりあえず目の前の小さなミッション（目標）を考えてみる。そんな感覚でいいと思います。

私もサラリーマン時代は、「どの部門でも、その道のプロになる」ことや、「ＭＢＡをとる」ことを、自らのミッションとしてきました。

私は30代になって専門経営者（経営のプロ）になることをミッションにしました。今はリーダーシップ教育です。

とことん努力すれば、必ず自分の人生のミッションが見えてくると思います。

変化球はいらない。ストレートで勝負する

自分が好きなこと、得意なこと、人のためになること。この3つをヒントに考えた「自分のミッション（使命）」は変化（進化）させていいと前述しました。それは、20代という、若さと柔軟性、そして機動力にあふれた時代だからです。

自分が働くことによって人のためになるという「社会的使命」も、きっとその先に見えてくるはずです。

「働く」が「動く」ではなく、「働くこと」である限り、必ず付加価値を生み出しながら世の中に貢献できるはずです。

その使命を支えるのは、これまでお話ししてきた熱い情熱であり、日々の仕事での基本動作やルーティンといわれるものです。

つまり、ミッションは、あなたの「日常」のなかにあるのです。

20代の日常において、もっとも大切な基本姿勢は何かといえば、先にも触れた「無骨ではあっても、まっすぐであること」です。

ヘタな変化球はいらない。すべて、真っ向勝負のストレートでいいのです。

基本動作の繰り返しが、「見えない力」を呼び込む

私が、大阪の販売会社時代に、社長賞をもらえるような実績を残せたのも、愚直なまでに〝ストレート〟を貫いた結果だと思います。やったことといえば、営業所長に言われたことや、何冊も読んだセールス関連の本に書いてあった「当たり前」な基本動作です。

名刺を配り、チラシをポスティングし、「今日はこのマンションの全戸を飛び込みをしよう」とか、小さな目標を掲げて、それをコツコツと達成していった。毎日がその繰り返しでした。

不思議なことに、そんなふうに汗を流していると、「幸運」が向こうからやってくるも

のです。

ヘトヘトになって営業所に帰ってくると、「岩田、さっきお前のテリトリーのお客様が訪ねてきたぞ」などと先輩が教えてくれる。一目散にそのお客様のお宅に伺うと、その場で即、商談成立となったりするわけです。

コツコツと飛び込み訪問をしている熱意がお客様に伝わって、心を動かしたのかもしれません。

こうした「努力と汗」が呼び寄せる幸運は、絶対にあると思っています。とても非科学的に聞こえるかもしれませんが、世の中にはこうした目に見えない力があるように感じています。

見えない力がある、神様はいる、自分は運が良いと思ったほうが努力が続けられる。そして間違いなく良い結果が出ます。

優秀な成績をあげる同期のなかには、知人のネットワークを活用して合コンパーティを開いて、車の販売実績に結び付けるような人間もいました。しかし、私はそんな〝変化球〟は投げられない。すべて〝直球〟で勝負するしかありませんでした。

でも、球種は少なくても、セールスの場で覚えた直球は、他の部署に行っても、転職した先でも、さらには社長になってからもずっと使えた、私にとっては「決め球」でした。

ノートは記録ではなく、頭の整理のためにとる

基本動作はセールス手法だけではありません。私はいまでもこまめにメモをとるほうですが、これも20代のころにF係長から、「とにかく、まずは黙ってノートをしっかりとれ」と耳にタコができるほど言われたことが、型として定着したものです。

会議でも打ち合わせでも、ノートをきちんととろうとすれば、相手の話にしっかり耳を傾けなくてはならない。聞くだけでなく、理解し、さらにその先を考えながらノートをとるので、頭の回転も上げなくてはいけません。

それから大切なことは、単に文字に落とすだけではなく、問題意識をもってノートをとるのです。そして、理解できなかったことや疑問に思ったことは、必ず質問することです。これはっきり言って、とても疲れます。

学校の授業でノートをとるときと同じです。漫然とノートをメモ代わりにとるのと、あとで読み返すことも考えて、整理しながらノートをとるのとでは、授業内容の記憶の定着

はまったく違います。

それを、社会人になりたてのころに、あらためて上司から叩き込まれたのです。体に刷り込まれたと言ってもいいかもしれません。

ノートをとること自体は、知識の習得法としては当たり前ではあるのですが、いま、あなたのまわりに、会議などで発言などを書きとっている人は、どれだけいますか？　いたとしても、手帳に記録としてのメモをしているだけではないでしょうか。

書記役がいれば、あとでどうせ議事録がメールで回ってくる。そう思っている人も多いはずです。記録を保存するだけなら、それでもいい。しかし、自分で見返し、考えるためには、手元に自分だけのメモ書きがあったほうがずっといいはずです。

ノートは記録するだけでなく、考えるためのツールでもあるのです。

その後社長になっても、私は、会議や部下の発言をちゃんとメモするように心がけていました。もちろん相手の発言をしっかり記録するということもありましたが、同時に社長が一所懸命に聞いてメモをとることは、発言者に勇気を与えることにもなるからです。

こんな基本動作の一つひとつが、ミッションの遂行を下支えすることを決して忘れないでください。

自分に突きつけた「問題意識」をもち続けろ

「問題意識」をもつことが、自分のアンテナの感度に影響を及ぼすことは、あなたも実感しているはずです。

書店で目にする本のタイトル、新聞やニュースサイト、電車内の中吊り広告の見出し、受信メールの件名の一覧、そして、人の話もそうです。

問題意識をもっているかどうかで、反応の仕方や関心のもち方が違ってきます。

視覚や聴覚で同じ情報に触れていても、情報感度が違ってくる。当然のことながら、その後の行動にも影響が出てきます。

仕事に対するモチベーションも同じです。

いま遂行している業務は、何を目的にし、どこをゴールとしているのか？　いまの自分には何が足りないのか？　自分はどのように会社に、社会に貢献できるのか？

そんな問題意識を常にもちながら仕事をしている人は、仕事に無駄な動きが少ないし、仕事の密度も濃い。だから、結果的に高い成果をあげます。問題意識がモチベーションを引き出しているのです。

では、そのモチベーションの正体とは何か？　ここであらためて考えてみましょう。

モチベーションのバネは心の内にある

人間の動機づけに関する研究で、ハーバード大学の研究者が１００年も前に発表した「ホーソン実験」という有名な研究があります。日産時代、生産管理や経営学の勉強をしていたときに知ったのですが、仕事のモチベーションとは何かを考えさせるものでした。

「ホーソン」とは、アメリカのウエスタンエレクトリック社の工場名からきていますが、その労働者を対象に、長期間にわたっていくつかの作業実験が行われました。

たとえば、部屋の照明や温度、休憩時間などさまざまな外的要因を変えて、どういう条件なら作業効率が上がるかを調べようとしたのです。

外的要因による作業環境が良くなれば、当然のことながら仕事の効率も上がるという想定のもとに実験は行われたのですが、意外な事実が浮かび上がってきたのです。

良好な作業環境になれば、予想通り仕事の効率も上がりましたが、予想外だったのは、元の状態に戻しても、さらに効率が上がったことです。

研究者たちは議論を重ねた末、実験結果に対して、こんな仮説を立てました。

作業環境を元の状態に戻しても生産性が上がったのは、外的な要因よりも、目標意識や自尊心といった内的な要因が大きく影響していたからだと。

たとえば、自分たちは大勢の労働者のなかから選ばれた人間であるという自負。その人間にふさわしい仕事をしなければならないという思い。他のメンバーも頑張っているという団結心。

そんな意識が、モチベーションのバネとなり、作業の集中力にもつながっていたというわけです。

私はこのホーソン実験を学んだとき、生産管理は動作の時間や工具の配置といった、定量的に分析できる要素に目を向けるだけではなく、また人間を機械のように扱うのでもなく、モチベーションという内面的な問題にも踏み込まなくてはいけないのだと痛感しました。

製造現場での改善活動を推し進めるにしても、みんなの問題意識を高めることが大切だと「ＩＥ（インダストリアル・エンジニアリング）通信」という新聞を発行して、他社事例の紹介など、さまざまな情報を発信したりもしました。

高い志へのエネルギーは、問題意識がつくり出す

さて、あなたにも考えてほしいのは、このホーソン実験が示唆するいくつかの点についてです。

まず、外的な要因よりも、内的な要因がモチベーションを高めるという点です。

これは、会社の規模や給料、課されている仕事の内容に関係なく、その仕事に対するやりがいや、業務を遂行するなかで得た達成感、満足感が、モチベーションに大きく関わってくるということを再認識させます。

上司から言われて取り組む仕事よりも、自発的に取り組む仕事のほうがやる気が出る。これも、「外」（上司）から誘発された動機より、「内」（自分）から湧き上がる動機のほうが、モチベーションとしては優位になるという考え方から説明できます。

2つめは、内的な要因として自尊心やプライドがもたらす影響についてです。ホーソン実験で、被験者たちのモチベーションを支えていたのは、自分たちは選ばれた人間であるという、一種の自尊心です。その自尊心が、自分が想い描く理想像にふさわしい頑張りをしなければ、となったわけです。

若いビジネスパーソンの仕事に対する基本姿勢として考えるなら、いますぐ自尊心やプライドをもて、というのは難しいかもしれません。しかし、**自尊心がもてる自分になることを目指すことはできます。**

そして3つめは、達成感や満足感、やりがい、自尊心といった内的要因を生み出すものは何かということです。

私はそれが、冒頭に触れた問題意識ではないかと思うのです。

ひとくちに問題意識といってもいろいろですが、人や組織の問題点をあげつらうだけのものなら、それは単なる不平・不満でしかありません。他者やまわりの環境を問題視するのであれば、自分のこととして深く関わっていく覚悟がなければ、問題意識とはいえません。

むしろ、問題意識として一番もってほしいのは、自分自身に突きつける問題意識です。先にも触れたように、いまの自分にはこの能力が欠けている、だからこんな勉強もしなくてはならない、といった自分にとっての重要課題に対する認識です。

自分の未熟さへの自覚。その問題意識こそが、モチベーションを高めるさまざまな内的要因の原動力になっているのではないかと思います。

高い志に立ち向かっていくエネルギーは、問題意識がつくり出すのです。

第2章

上司は「お客様」だと思いなさい

《フォロワーシップ》

部下としての行動ルールは
いつも〝マーケティング思考〟

どんな仕事でも
喜んで引き受けてください。
やりたくない仕事も、
意に沿わない仕事も、
あなたを磨き強くする力を
秘めているからです。

稲盛　和夫

上司という「お客様」の満足度を常に考える

この章では、20代のビジネスパーソンがもつべき、プロ意識とは何かについて考えてみたいと思います。

ひとことで言えば、それは、従う人間としてもつべき「フォロワーシップ」ではないかと私は考えています。

社長になるという高い志をもっていたとしても、いまはそのための「鍛錬の時期」であることは言うまでもありません。

これから少しずつリーダーシップを身につけていくはずですが、リーダーはフォロワー(部下)なくしては機能しえません。

将来、トップマネジメントとしてリーダーシップを発揮していくためには、フォロワーの役割も機能も十分に知っておかなくてはなりません。その意味でも、フォロワーシップをあらためて再確認しておく必要があります。

フォロワーシップの「シップ（ship）」とは、リーダーシップやスポーツマンシップのシップと同じように、能力や技能、身分や職などの名詞をつくる接尾辞です。つまり、部下としての職能、力量が問われるのがフォロワーシップなのです。

「プロの部下」としてフォロワーシップを貫く

強引に仕事を押し付けてくる上司。ダメ出しの多い上司。指示がそのつどブレてしまう上司。そんなやりにくい上司は、どこの会社にもいるものです。

上司は部下を選ぶことはできても、部下は上司を選べません。それが組織の宿命である以上、どんな上司であれ、つき合っていかざるをえません。

もちろん、有能な上司もたくさんいます。尊敬できる上司との出会いは、ビジネス人生の大きな宝となります。

私にとっては、先にお話しした、日産時代のF係長がまさにそうです。F係長のもとを離れてからも、折りにつけ、「Fさんだったらどうするだろうか？」と自問を繰り返すことが何度もありました。

仕事のイロハを叩き込んでくれた恩人というだけでなく、メンター（心の師）としての存在でもあったわけです。

そんな尊敬すべき上司も、そして、やりにくい上司も、すべてひっくるめて上司は上司です。どういう上司であれ、上司は組織のなかで職階に見合う権限を任され、そのもとで、部下は業務を遂行し、上司を支え、評価も受けていかなければなりません。

ときには、上司の個人的な嗜好《しこう》やそのときどきの機嫌といった、情緒的な影響を受けることもあります。人間がつくる組織である以上、それは当然起こりえます。

「理」もあれば、「情」もある。そんな組織のなかで、志を高くもって力を発揮していくには、まずは「プロの部下」としてフォロワーシップを磨いていかなければなりません。

というと、何やらとても高度な技量が求められるような印象も受けますが、思いのほかシンプルなことだと私は思っています。

ひとことで言えば、「上司をお客様だと思え」ということです。

同じ会社にいながら、「お客様」とは、どういうことでしょうか?

上司を育てられる部下になる

上司の指示で仕事をする以上、部下は、上司がいま何を求めているのかと、発想の起点を常に上司に置くのは当然です。それは、部下としての宿命、というより、部下としての正しい役割です。

発想の起点を上司に置くというのは、市場の消費者のニーズを的確につかむマーケティングと同じです。だから、お客様と思えばいいのです。

もちろん、こびへつらったり、ゴマをすればいいと言っているのではありません。寄り添いながらも、一歩引きながら見る。冷静に、客観的に判断しながら、上司という「顧客」の満足度を常に考える。

そういう意味では、「**上司より、さらにひとつ上の視点」をもつことも、部下には求められるのです。**

上司も、そのまた上司から見ると部下です。ですから、上司がさらに上に評価されるような視点をもつことです。

経験や能力では、部下が上司にまさるわけではありません。しかし、心のもちようとしては、上司よりひとつ上の視点も必要なのです。

その観点をもっと推し進めれば、部下が上司をうまくリードし、「育てる」という考え方にも行き着きます。

私が、ザ・ボディショップやスターバックスの社長に就任したとき、経営幹部との会議の席で、「社長を教育するのも、みなさん役員の仕事です」とはっきりお願いしました。

私はいわば、異業種から来た素人社長です。経営の舵取りについては、ある程度勘どころはわかる。しかし、化粧品やコーヒーに関してはまったくの素人なわけです。

業界の人にとっては当たり前なことでも、私にとってはわからないことがたくさんある。**私は、初歩的な質問でも躊躇《ちゅうちょ》なく「教えてください」という姿勢を貫きました。そうすることが、いち早く業界知識などにキャッチアップする最短の道だと信じていたからです。**

私は知ったかぶりをすることは、とても嫌いです。わからないことはわからないと言う勇気をもとうと思っています。

あなたの会社でも、他部署から新任の上司が来たときは、同じではないでしょうか。ただし、人によっては、プライドを気にする人もいるでしょうから、部下の側に「教える」「育てる」という意識があったとしても、本人にはそんな意識はさとられないよう、うまく情報提供する形で〝リード〟していかなくてはいけないでしょう。そこはまさに、上司をコントロールする力が問われます。

実際のマーケティングにおいても、徹底的に市場リサーチをしながらも、新商品の投入にあたっては「新たなニーズを創出する」という手法がとられます。つまり、潜在ニーズを掘り起こして、消費者を〝誘導〟しているのです。

企業は市場に育てられるといいます。しかし、その一方で、企業が市場を創り出している側面もあるのです。

部下と上司の関係においても、同じです。

部下は上司によって鍛えられます。技能や経験を伝えてくれるのが上司です。そして、その伝授がスムーズにいくよう、下地づくりをするのが、プロの部下としての腕の見せ所でもあるのです。

上司の観察は、リーダーを目指す人のプレトレーニング

上司をお客様だと思うと、日ごろの観察力にも磨きがかかります。

私は若いころ、上司のご機嫌取りは苦手でしたが、「ご機嫌うかがい」はよくしていました。

いま検討されている案件に対して、前向きなのか、後ろ向きなのか。今日は気分よく仕事を進めているのか、何かひっかかるような問題を抱えているのか……。

忙しく働く姿を遠目に見ながら、その日その日の上司の〝お天気模様〟を観察していたものです。

言葉をひとことふたこと交わすだけでも、上司の心中を察することができる場合もあります。部下には考えの及ばないところで、上司が悩んでいたり、判断をしかねているケースもあります。

もちろん、それに対して、部下がとやかく言えるわけではありません。

しかし、上司の立場になって考えたときに、部下としてどのように業務に向き合うべきか、その感覚はつかめます。

自分なりに考えて設定した課題に取り組んだ結果を、後日「いい話」として上司に報告したり、提案したりすることもできます。

それは決して〝ご機嫌取り〟ではなく、上司により深くコミットして、自分から行動を起こすということです。

リーダーになると、部下が何となく元気がなさそうにしているときは、「調子はどう？」などと声かけをするものです。その逆パターンで、部下から上司への声かけです。

志の高い部下は、常に上司の観察を怠らない。いつか自分がその上司の立場に立ったときを想定してのプレトレーニングをしているのです。

報告は、「判断」よりも「事実」を伝える

私は、部下から報告を受けるときは、「事実と判断は分けてほしい」とよく言っていました。たとえば、トラブルが起きたときにありがちなのは、その事実の報告に判断が混入してしまうことです。

上司「で、A社のご担当は、どのようにおっしゃっているんですか？」

部下「それほど怒っている様子ではないので、そんなに大ごとにはならないと思うのですが……」

こんなふうな答えが返ってくると、とても残念に思います。いったい何が「大丈夫」なのか？　その事実を詳しく知りたいのに、「それほど怒っている様子ではない」と判断を交え、さらに「そんな大ごとにはならない」と予断を下してしまう。

取引先が「それほど怒っている様子ではない」というのも、あくまで推量にすぎません。

口では穏やかに話していたとしても、心中は裏腹なんてことは大人の社会ではよくあることです。「大ごとにならない」という判断も、若手社員の経験の浅さを考えれば、誤った判断になることも十分考えられます。

顧客との間で起きたトラブルの対応などは、上司が最終的に責任をとらなくてはいけない問題です。そのような問題で、部下は軽々に「判断」をまじえるべきではありません。**部下はまずきちんと「事実」の報告に徹し、「判断」は上司に委ねる。そして聞かれたとき初めて、自分の意見を言う。**ここをまず、しっかり押さえておかなくてはいけません。

保身を捨てる勇気をもつ

とはいえ、事実と判断の峻別《しゅんべつ》は、そう簡単なことではありません。

先の例でいえば、部下としてはお客様が「怒っていない」というのは〝事実〟と認識していても、それが本当に事実なのかどうかはわかりません。表面上はそうであっても、ホンネは違うかもしれないと考えてみる必要があります。常に、最悪の事態も想定するのが、リーダーです。

どうして事実と判断の区別に、そんなにこだわらなくてはいけないのでしょうか？ それは、トラブル対応のときなどは、誰でも無意識に自分の保身を考えてしまうからです。自分に全面的に非があるわけではない、できるだけ自分の非は小さく報告したい、相手が基本的に悪いのだ、そう大きな問題ではない……。

こういう心理は、何も若手社員に限ったことではありません。誰もがもつ防衛反応です。**しかし、この防衛反応をあえて抑えて、事実を伝えなくてはならないのです。**

本来、上司は事実を伝えた部下を叱るべきではないのですが、たとえ上司にこっぴどく叱られても、自らを鍛えるチャンスです。

悪い事態が起きたときほど、できるだけ速やかに、判断を交えず、事実をありのまま報告し、非があれば、上司の叱責も真正面から受けとめなければなりません。

人間ですから、叱責を受ければ、へこむこともあります。一時的に評価も下がるかもしれない。しかしそれも、高く掲げた目標にたどり着くまでのコースにある、大切な通過ポイントなのです。

ホウレンソウ上手の部下が愛される本当の理由

ホウレンソウ、つまり報告、連絡、相談の大切さは、新入社員のころから誰もが一度は耳にしているはずです。しかし、同じホウレンソウでも、うまい人と、そうではない人がいる。これも、先に触れた「上司はお客様である」という視点があるかないかだと思います。

日ごろの報告・連絡で往々にしてありがちなのは、「結果が出てから」という思い込みや勘違い、そしてそれが招く、事態の深刻化です。

上司からすれば、なぜもっと早く事態を報告してくれなかったのか、あるいはこまめに連絡をしておいてくれなかったのか、というケースがよくあります。

部下からすれば、中途半端な状態で報告しても意味がないという思い込みがあります。もしくは、うまくいっていなくても、自分なりにリカバリーをはかれるという甘い判断があるのです。

上司の「知りたい視点」をもつ

思わしくない事態になりそうなことでも、うれしい結果につながりそうな出来事でも、上司は、気になることについては、常に「経過」を知りたいものです。

上司として、問題が起きそうだと思えば、少しでも事態を好転させるアドバイスができます。順調に進行していることでも、途中経過を聞くことによって安心できます。

悪い事態が、ある日降って湧いたように起きるケースは別ですが、それまで少しでもその予兆を感じるようなことが起きていれば、それは報告すべきです。起きてしまってからの経緯を説明するくらいなら、起きる前に途中経過を報告すべきなのです。

日々の仕事は、契約が取れた取れなかったといった、結果の良し悪しがハッキリすることばかりではありません。

業務の進捗状況などでも、「いま、だいたい予定通りで、5割程度進んだところです」

とメールで報告が入っていれば、上司は安心もし、いったん忘れて別のことに意識を向けることができます。

要は、報告にしても連絡にしても、上司が何に対して気になっているのか、その〝上司視点〟をもてるかどうかです。想像力の問題です。

たとえ想像が及ばなくても、若手社員の時代は、こまめな報告・連絡をしていればまず間違いはありません。なぜなら、その都度、上司は必要な指示を出してくれるからです。

まめなホウレンソウが、上司と部下の信頼をつくる

こまめな相談は、上司の安心感にもつながりますから、「ちょっといいですか」のひとことが気軽に言えなければなりません。

上司の的確な判断を仰ぎたいという姿勢が上司にとってはうれしいし、力になってやろうという気にもなります。

ひと言でいえば、信頼され、可愛がられるのです。

ただし、その一方で、忙しい上司に対しては、気づかいも必要です。

相談ごとであっても、時間的に余裕のあることなら、メールのほうが上司には助かります。自分の手の空いた時間に、的確なアドバイスを丁寧にすることもできるからです。**忙しい上司をつかまえて立ち話で報告したような時は、あらためて話の内容をメールで送っておくと、上司にとっては備忘録にもなります。**

業務の進行状況なども、メール1本入れておけば、上司はいちいち部下に聞く手間が省けるのです。「A社とは、次回、○日に会うことになっています」と件名に書くだけでもいいのです。

繰り返しますが、上司は基本的に忙しいのです。ふと思い出した時「あの件、どうなった?」と確認することもあるでしょう。そんな時、「口頭で報告しました」と言っても、「こいつ、気の利かないやつだな」と思われるだけなのです。

とにかく、「まとめて報告」「まとめて連絡」「まとめて相談」と思わないことです。こまめさが一番です。

上司からすれば、急に方針を変更する事態も起こりえます。そのとき、日ごろこまめなホウレンソウを受けていれば、臨機応変に判断をして、的確な変更指示を出すこともできるのです。

急な方針転換などで、部下との間で感情的な軋轢《あつれき》を生むような事態を避けることもできます。

そのようにして、上司と部下の信頼関係は築かれるのです。

こまめな報告・連絡、そして相談も、すべては、上司と部下との信頼関係を築くための一つひとつの階段であることを忘れてはいけません。

ホウレンソウのプロになれ。

これは、20代ビジネスパーソンの大事な使命です。

状況に応じ、上司の要求は変わる

上司に報告するときは、保身を考えず、できるだけ具体的に事実をありのままに報告することです。

それがなぜ大切なのかといえば、会社全体の業務の遂行やマネジメントに支障が出ないようにし、確実に仕事を進めるためです。

この「確実性」が上司の満足度を左右します。確実性は、20代の仕事においては、非常に重要なキーワードです。

事実を正しく報告する。これは、コミュニケーションにおいて求められる確実性です。

仕上げる資料にミスや誤りがないこと。これは、データの確実性です。

そして、仕事の期限を守ることや、日常行動に時間的なルーズさがないこと。これは、時間の確実性です。

時間のマネジメントについては、第3章で詳しくお話ししますが、ここでは、上司への対応として、業務の確実性をどう考えるかについて触れておきたいと思います。

上司の満足度は、「早さと品質」で決まる

上司から指示された業務において、「満足な仕事」とはどうあるべきなのか。

考えるべきは、2つの要素、「早さ」と「品質」です。

「早さ」とはいうまでもなく、期限までに仕事を仕上げる迅速さです。

「品質」は、仕上げのレベル。資料づくりであれば、盛り込む情報量の充実度、仕上がりの丁寧さです。

たとえば、課長にこう言われたとします。

「次の火曜日の課長会で、A商品の市場分析結果を資料として提出しなくてはいけないので、先日リサーチ会社から上がってきたデータの重要部分をまとめておいてくれないか」

「時間」は来週の火曜日までと決まっています。それを大前提に、「品質」をどの程度に

するか？　それを決めるのは、資料が使われる目的です。課長会で使われるのは自明ですが、そこで〝何のため〟に使われるのかということです。課長の言葉だけでは、そのへんが明確ではないので、報告程度ですませるためのものなのか、あるいは、さらに会議で突っ込んだ分析をするために使うのか、それを確かめたほうがよさそうです。

さらに、品質を決めるプラスアルファの要素も考える必要があります。課長会には、課長以外に誰が出席するのかも聞いておいたほうがいいでしょう。担当部長や重役など年配者も出席するのであれば、見やすいように、文字の大きさにも気を遣わなくてはいけません。口うるさい部長には、事前に見てもらうなど根回しもしておく必要があります。

これらの要素を踏まえて、早さと品質を決めますが、当然のことながら、他の業務との兼ね合いもあります。先に片づけなくてはいけない仕事があれば、上司に優先順位を判断してもらわなくてはなりません。

部下の仕事の確実性とは、上司の「不確実性」もフォローすること

そしてまた、期限は明確に口にしても、期日の根拠があやふやだったり、求める品質についてアバウトな上司もいます。「火曜日まであげてくれるといいんだけどなぁ」とか、「ま、そこそこ丁寧に頼むね」なんて言ったりします。

こんなときは、部下の質問力が問われます。

「課長会は火曜日の何時開始ですか？　事前に目を通されますよね？」

「図表を入れて、3ページくらいにまとめればいいですか？」

「A部長には事前に根回ししておきますか？」

と、不明確なところを補うように問い返せばいいわけです。

部下の仕事の確実性とは、上司の不確実な点をフォローすることでもあるのです。

先に触れた「上司を育てる」発想に近いものがあります。

上司をお客様だと思えば、これも、お客様本意の気遣いといえます。

会議の「場づくり」を上司任せにしてはいけない

マーケティング思考でいけば、上司は常に「お客様」でなければいけないのですが、実は部下が「お客様」になってしまうケースが往々にしてあります。

上司から言われるまで動かない「指示待ち族」はその典型です。こういう社員の〝人任せ〟の罪の重さは、言うまでもありません。

意外とこの罪の重さに気づかないのが、会議の席です。

神妙な顔をして話を聞いてはいても、活発な意見や議論を期待している上司からすれば、それは期待はずれな「お客様」にすぎません。ちょっとおかしいなあと思うことがあっても、自分から意見を言おうとしない。そんなダンマリは、かなりの「重罪」と言わざるをえません。

「場づくり」に腐心する上司の思いを察する

まず、上司の立場から先にお話ししましょう。

一般社員を統括する係長や課長クラスは、日ごろから、「場の空気」をどうつくるかにかなり腐心します。チームのモチベーション、課内の活気ある雰囲気、そんな現場のムードをどう盛り上げ、一人ひとりの力をいかに引き出すか。リーダーとしての力量が問われるところです。

もちろん、社内全体の雰囲気、社風ということになれば、これは経営層が考えるべき重要なテーマにもなります。

ただ、日常的なビジネスシーンにおいては、会議の場が、主催する上司にとっては「場づくり」の主戦場です。**とくに、企画立案や懸案事項を検討するような会議では、参加者にいかに活気ある議論を交わしてもらうか。そこに上司は頭を悩ませます。**

私はときどき、担当スタッフも参加する会議を主催するときは「場づくり」の一環として、発言してほしい人に、事前に「次の会議の冒頭、○○さんにふるから」と声をかけておくこともありました。

というのは、いい発想力や企画力はもっているのに、会議の席になると、どうしても口が重くなってしまう人もいるからです。その場でいきなり発言を促すと、本人も戸惑うだろうと、それなりの気を遣うわけです。

会議の場で、常に誰かを指名して意見を求めるようにしていると、みな一所懸命予習し、考えるようになっていきます。

つまり、そうまでするほど、上司というのは「場づくり」に苦慮しているものなのです。この上司の思いを、みなさんもまず共有すべきでしょう。

参加者一人ひとりに「場づくりの力」が求められる

次に、部下に視点を置いた話です。会議の席での口の重さを、「重罪」とまで言ったのは、やはりそこに保身意識がチラつくからです。

まわりの同僚や上司にどう思われるかが気になって、ヘタなことは言わないように決め込む。言って恥をかくくらいなら、言わないほうがいいと思ってしまう。これは保身以外の何ものでもありません。

ある会社でのことです。

A執行役員は、いつも参加者の意見をひと通り聞いたうえで、それをまとめて教科書的な「良い意見」を言うのですが、私はなぜ、もっと早い段階でそれを言わないのかと思っていました。

初めに自分の意見を言うことはリスクがある。社長を含め、ある程度みんなの意見もわかった。そこで一番美味しいところだけもっていくような感じです。

その姿勢は、私は評価する気にはなりませんでした。どう考えても、プロ意識をもったビジネスパーソン、企業家的精神をもつ人の態度ではありません。

また、当事者意識が欠落して見えるケースもあります。

アイデア出しや企画立案などの会議での〝無言〟はわかりやすいですが、トラブル発生時の情報共有の会議などでも、ちゃんとした現場の意見が出るかどうかで、上司は部下の当事者意識の度合いを推し量るものです。

保身からくる無言の罪と、当事者意識の欠落という罪。これは、あらためて肝に銘じて

おく必要があるでしょう。

「場づくり」の力はファシリテーション力ともいいますが、それを担うのは、決して会議を主催する上司だけではありません。一人ひとりの参加者にそのファシリテーション力が問われているのです。

準備と発言とノートづけが、「場への奉仕者」の役目

前もって議題がわかっている会議であれば、下調べをするなど事前の準備をしっかりすることを、私はおすすめします。

提案事項があればその論旨を、疑問点があればその理由や背景を、ノートにメモ書きをしておく。そんな準備をしておくだけで、当事者意識が違ってきます。

役員クラスの人でも論旨が意味不明で、何が言いたいのかわからない人もいるものです。まず簡単なメモでもいいので、考えていることを文字に落としておくと、突然指名されても、しどろもどろにならなくてすみます。

提案内容や疑問点が的を射たものであるかどうかは、別問題です。それは、若いうちはあまり気にしなくていいでしょう。

準備をしてきた姿勢と、その場での発言が、他の参加者の発言を誘発するなどして、「場の空気」をつくるのです。お客様である上司にとっては、うれしいフォロワーシップです。

また、会議の場でのノートづけの意義は、先にも触れた通りです。**ノートづけの姿が「場づくり」に貢献するだけでなく、論点の整理や、自分自身の思考を掘り下げることにもなることを忘れてはいけません。**

会議の場では、決して「部下がお客様」の状態をつくってはいけない。あくまで「場への奉仕者」と心得るべきです。

上司は選べなくても、良し悪しを見極めることはできる

会議の席などで「場への奉仕者」になる。それは結局、「場」の責任者である上司の立場になるということです。お客様としての上司にとことん寄り添う、部下のフォロワーシップの真価が問われるわけです。

できることなら上司は尊敬できる理想の上司であってほしい。これは部下としてのホンネです。ただ、現実はなかなかそうもいきません。

部下が上司を選べないことを考えれば、理想の上司との出会いは、まさに神様がもたらす巡り合わせと言ってもいいかもしれません。

私は、その幸運に恵まれたひとりでした。

これまで何度か話に出てきた日産時代の上司、F係長は、私にとって、まさに理想の上

司でした。自分の出世より、部下の育成に心血を注ぐタイプで、仕事の一つひとつのノウハウというより、仕事の本質とは何なのか、それをとことん叩き込んでくれたのです。

仕事の本質を教えてくれる上司と出会う

いまでも記憶に残っているのが、座間工場の車体溶接工場の見学に連れて行ってもらったときのことです。

まだ塗装されていない自動車のボディに溶接用のアームが伸びてきて、火花を散らしている情景をぼんやりと見ていた私に、F係長はつぶやくようにこう言ったのです。

「いいか、岩田。この工場で価値を生み出しているのは、あの火花が散っている瞬間だけなんだぞ。在庫管理をしたり、モノを運んだり、会議をしたりしても、それは本質的に価値を生み出しているわけじゃない。鉄板同士が溶接されてくっついていく、あの瞬間だけが、価値を生み出しているんだ。そういう目で、現場を見なさい」

入社2年目の私にとっては、ビジネスが生み出す価値とは何なのかを深く考えさせられ

る言葉でした。

さまざまな工程を経てつくられる製品に、お客様にとっての価値が吹き込まれるのは、ほんの一瞬。しかし、その一瞬にこそ、すべての力が結集されるべきである。

そう考えると、ぼんやりと眺めていた火花の散る光景が、映画フィルムのひとコマひとコマに焼き付けられるように、私の記憶に刷り込まれていく感じでした。

のちに、ザ・ボディショップやスターバックスで社長を務めるようになってからも、付加価値を生み出す「火花が散る瞬間」は、いったいいつなのかを意識するようになりました。

私にとっては、仕事の本質を見極めるときの「型」を、F係長が授けてくれたわけです。感謝という言葉だけでは言い尽くせないものを、F係長には感じています。そして、私は何と幸運だったのだろうとも。

上司を〝マーケティング〟するコツ

ビジネスパーソンとしての長い道のりを考えるなら、あなたにもきっと、理想の上司との巡り合わせが、一度や二度はあるのではないかと思います。

そのときは、とことん理想の姿を観察することです。「お客様」と思って敬い、できるだけ近づいていろいろ盗むのです。そして、自分を取り繕うことなく、すべてをさらけ出し、何でも聞いてみるのです。

「なぜあのとき、あの発言をしたのですか？」

「最近どんな本を読んでいるのですか？」

「私のどんなところを改善しないといけないですか？」

ときには厳しい叱責が返ってくることもあるでしょう。しかし、真正面から受けとめ、反省すべきことは、心から反省すればいいのです。

組織人の宿命として、人事異動などで「新しいお客様」と出会うことも、覚悟しておかなくてはなりません。

「新しいお客様」が何を望んでいるのか、いまひとつはっきりしない場合もあるでしょう。それでも、その上司が何を望んでいるか、とことん考えないといけません。

上司をマーケティングするポイントをひとつあげるとすれば、上司が、さらに上の上役に接するときの態度を見れば、だいたいわかります。

たとえば、上役に媚《こび》を売るような接し方をしているような上司は、結局はあなたからもそうしてほしいと思っているはずです。上役にわりとハッキリものを言う上司は、部下からも直言されることを好むはずです。

しかし勘違いしてはいけないこともあります。

上役への丁寧な対応は必ずしも「人柄」ではないということです。その場に合わせたビジネススタイルは、人柄とは関係なく、多くの場合、つくっているものです。ですから、やたら上役に丁寧な応対をしているので、フランクな人だと思い込んで口をきいてしまうと、突然、怒りを爆発させられることもあります。

上司といっても同じ人間。恐れるのではなく、一人の人間としてよく観察して何を望んでいるのかを考え、場合によっては上司を育てていくという「大人の視点」が必要です。かけがえのない心の師であろうと、反面教師のような上司であろうと、いつかは乗り越えていくことになる。それが上司という存在でもあるのです。

第3章

来た球はすぐに打ち返せ

《時間の使い方》

誰にも平等な時間なのに、差がつくのはなぜ？

時間はあなたの人生の貨幣である。
あなたが所有する
唯一の貨幣であり
それをどう使うかを
決められるのはあなただけだ。
あなたの代わりに
他人に使わせないように
気をつけなければいけない。

カール・サンドバーグ

時間は動作の影――一挙手一投足の時間を意識する

物理的には誰にも等しく与えられた1日24時間なのに、人によって「時間の質」が違ってきます。若いころは時間は無限にあるかのような錯覚にとらわれますが、「時間は有限であり、取り返しのつかない、もっとも貴重な資源である」ということを胸に深く刻み込んでおかなくてはいけません。

社長を目指すのであれば、そのゴールにたどり着くまでの時間を短くするのも、いまの時間の使い方しだいです。そして、実際に社長になれば、一般社員とは比べものにならないほどの〝濃密な時間の使い方〟が求められます。

私が知っている経営者は、例外なくせっかちで、時間がもつ価値の重みを痛いほど感じています。それを見すえたトレーニングという意味でも、いまからタイムマネジメント能力を磨いておく必要があります。

無駄な動作を徹底的に省く

いまふり返っても、私が幸運だったと思うのは、日産に入社して早々、生産管理の現場に配属されたことです。そこでは、製造現場の動作を特殊なストップウォッチ（1分を100分割した目盛りになっている）で計り、少しでも動作に無駄をなくすために、細かな動作改善をしたり、機械のレイアウトや工具の置き場所を変えるといった仕事でした。

製造現場の動作分析を初めて体系化したのは、19世紀後半から20世紀初頭にかけて活躍したフレデリック・テイラーという経営学者ですが、経営の神様、ピーター・ドラッカーが「労働科学におけるニュートンかアルキメデスである」と絶賛した人物です。

「科学的管理法の父」ともいわれたテイラーが残した言葉で、いまも印象に残っているのが「時間は動作の影」という言葉です。

かかっている時間は、動作そのものの反映であるという意味です。

たとえば、ボルトを穴にねじ込む作業では、使うボルトも工具も、回す回数も同じなのに、作業時間に違いが出てくるとすれば、そこには必ずムダな動きがある。動作こそが、時間を決める〝変数〟であるというわけです。手足の基本的な動かし方に、スピードの差はほとんどない。それなのに、熟練者と新人で作業時間に差が出るのは、熟練者は余計な動きがなく、新人は余計な動作が多いためです。

これは、生産現場の実作業に限った話ではありません。デスクワーク、パソコンの操作、メールの記述や処理、そして対人関係のコミュニケーションでもいえることです。**同じことをやっていても時間のかかる人は、やはり無駄な動きが必ずあります。**

要領が良く、試験で良い点をあげる人は、試験に出そうなポイントに絞って勉強しています。成績の悪い人は、まんべんなくやろうとして、結局最後までたどり着かないまま試験に突入してしまうことが多いのです。

水泳で一所懸命にバタ足をしているのに、一向に前に進まないのと同じです。水泳の名人は、楽に無駄なく、永久に泳いでいられるかのように、手足を動かしているのです。

毎日の生活に「時短」の意識をもつ

時間を浪費する無駄な動作をいかに減らすか。これが、タイムマネジメントの出発点といっていいでしょう。タイムマネジメントには期限を設けることや計画の立て方など、他にもさまざまなテーマがありますが、まずは自分自身の行動管理が基本です。

行動管理というと大げさに聞こえるかもしれませんが、日ごろの生活習慣のなかで、ちょっとした意識づけをすればよいだけです。普段、何気なくとっている一つひとつの動作について、無駄な動きを排除する習慣をもつことです。

たとえば私は、エレベーターに乗ったときは、行き先階のボタンより先に、ドアの「閉」ボタンを押します。エレベーターを少しでも早く動かすためには、「閉」ボタンを押さなければなりません。階のボタンは、ドアが閉まっている間に押せばいいのです。

これで行き先階に着くまでの時間の差など、ほんのゼロコンマ何秒かもしれません。その秒数に、年間にエレベーターに乗る回数をかけても、たかがしれているでしょう。

しかし、問題は「意識」なのです。時間を少しでも無駄にしない意識が根づくかどうか

が大切なのです。

そのエレベーターの理屈と同じで、私はお風呂に入ったときは、頭からではなく、体から洗います。体についた石鹸の泡はそのままに、次に頭を洗い、そしてシャワーを頭からかける。こうすれば、体についていた石鹸も一緒に流せる。時間と水の節約です。

また、エレベーターに乗って誰もいないときは、膝の屈伸運動をしています。犬の散歩の途中、信号待ちにあえば、必ず肩や脚のストレッチをしたりしています。

これらはいずれも、染みついた意識から生まれたクセといっていいものです。そのクセが生活習慣となり、根づいていくのです。

そういう意味では、「時間は意識の影」と言えるかもしれません。

ヒンズー教の教えによれば、意識を変えることで人生まで変わると言っています。

心が変われば、態度が変わる。
態度が変われば、行動が変わる。
行動が変われば、習慣が変わる。
習慣が変われば、人格が変わる。

人格が変われば、運命が変わる。
運命が変われば、人生が変わる。

最初の心の変化から始まって、態度→行動→習慣→人格→運命と、それぞれ変化を生み出し、最後には人生が変わっていく。

心のもちようがもたらす大きな力を、私たちはあらためて認識しなければなりません。

やがて職場のリーダーになれば、自分の時間だけでなく、後輩や部下のタイムマネジメントもすることになります。そのとき、自分自身に「時間はもっとも貴重な資源」という意識が根づいているかどうかで、指導力にも大きな違いが生まれてくることは言うまでもありません。

若いときに、瞬発力を身につける

無駄な動きをしない。少しでも効率的な時間の使い方をする。それがタイムマネジメントの基本になるとお話ししましたが、一方でフットワークの良さもとても大事なことです。緊急を要する仕事を上司にふられたときなどは、その典型です。

組織人としての仕事は、多かれ少なかれ、必ず人と関わっています。お客様あっての仕事であり、他部門との連携あっての仕事、上司あっての仕事です。そして、一緒にチームを組む同僚あっての仕事です。

人がからむ仕事では、自分の都合優先というわけにはいきません。とくに、権限も裁量もない若い時代はなおさらです。

うっかりと先延ばしの落とし穴

大切なのは、出だしの瞬発力です。それが、自分とまわりの人間を巻き込んで、タイムマネジメントにも大きく影響していきます。

少し仕事に慣れてくると、仕事の進め方にもある程度、要領を覚えます。すると、緊急性を要しないことはあと回しにしようと考える場面も出てきます。

実は、この「あとで」がクセモノなのです。

理由のひとつは、単純な話、「人間は忘れる動物」だからです。

緊急ではないが、やらなければいけないことがあるとき、「あ、これはあの作業をやるときに、ついでにやればいいか」と思ったりする。しかし、その「ついで」がついでにならないことが、往々にしてあります。仕事が忙しいときほどそうです。

ついでにやることをうっかり忘れて、結果、クレームになったり、一からやり直したり、余計なことまでやるはめになってしまうのです。

あとでやることを忘れない記憶力をもっている人は、頭の良い人といっていいのかもし

れません。しかし、本当に賢い人というのは、忘れてもいいようにメモをとったり、その場ですぐ済ませたり、自分の弱点を補う工夫ができる人のことだと私は思っています。

仕事のセオリーとして、優先順位をつけろとよくいわれます。「あとで」と考えるのも、この優先順位づけの一環とも考えられますが、ありがちなのは、その「あとで」が優先順位付けの基準あっての話ではなくて、いまやるのが面倒だからあと回しにするケースです。

これが、「あとで」がクセモノという理由の2つめ、「先延ばしの落とし穴」です。若いころはとくに気をつけなくてはいけません。

本当に大切なことに、じっくり時間をかけるためにも、その場ですぐ片付けられることは、片付けてしまうことが大切です。

反射神経を高めることは、若いときの基礎鍛錬

実は、この仕事の瞬発力は、社長の資質のひとつといってもいいものです。

私が最初に社長を務めたアトラスの創業者もそうでしたが、何か相談をすれば、その話

が終わるか終わらないうちに、電話の受話器をとって、しかるべき人に話をつけてくれたりしました。あまりの素早さに、こちらが慌ててしまったほどです。他の多くの経営者の方々を見ても、例外なくレスポンスが早く、せっかちで、似たようなところがあります。若いうちは、社長ほどの判断力・決断力を求められるわけではありません。しかし、その素地として、反射神経は養っておく必要があります。またそれが、上司からの評価にもつながります。

来た球はすぐに打ち返す。言われたらすぐ動く。思い立ったら行動する。

若いころはそれでいいと思います。多少ドタバタになったとしても、その経験が次の仕事の効率化につながります。タイムマネジメント能力を身につけるために、若い時代に必須の基礎鍛錬といえます。

あとの展開がラクになる「クイックヒットの法則」

優先順位に関することで、もうひとつ、重要な観点をお話しします。

ビジネス現場では、優先順位を決める場合、緊急度と重要度の2つの軸で考えるのがいいとよくいわれます。しかし、私はそこにもう1点、「取り組みやすく、すぐ成果が出る」視点も加えるべきではないかと思います。

挑戦欲をかきたて、思考のスピードを加速させる

緊急度の高い案件がある場合は別ですが、そうでなければ、比較的簡単に手をつけられる課題から攻めることによって、結果的には、重要度の高いものも含め、他の案件をよりスピーディに処理できるという効果が生まれます。

私がいたコンサル業界では、「クイックヒット」などといわれていますが、要するに、早めに1つ成果を出すと、そのあとの展開がスムースになるという考え方です。

ひとつは、モチベーションの問題です。

プロジェクトや改革などでは、うまくいくかどうか不安がつきものです。ひとつの課題をクリアすることが、一種の成功体験になります。**その達成感が、次の課題へのチャレンジ意欲を刺激します。やる気が加速するわけです。**

脳科学でも、実際にとにかく手を動かし始めることが、やる気をつかさどる脳中枢を刺激するといわれています。

会社の会議でも、新たな案件が成約に至ったことなど、参加者にとっていい話を冒頭にしておくと、その後の議論が活性化することがよくあります。成功体験を共有することが、次の課題への意欲を生み出すわけです。

そしてもうひとつは、思考スピードをアップさせるという効果です。

手はじめに取りかかる課題が、いわば思考エンジンのアイドリングとなり、本丸の課題で一気に思考エンジンの回転が上がるわけです。

これと似たような経験を、受験の試験問題に向き合うときに実感していた人も多いはずです。

優先順位はあとにして、まず少しずつ手をつける

一方、目の前にある課題がいずれも緊急度がそれほど高くなければ、いっそ優先順位をつけるのをやめてしまうのも、ひとつの考え方です。優先順位を考えるのは、もう少しあとからです。

最初にひと通り、少しずつ手をつけてみるのです。その感触を確かめてから、あらためて、やりやすさ、重要度を見極めて優先順位を決めるという2段構えの考え方です。

実際手をつけてみると、意外と簡単にできそうだったり、逆にデータを揃えるのに時間がかかりそうなことに気づくことがあります。

つまり、全体の感触をつかんでから、スケジュール設計をするのです。

そうすることで、他部署に頼むことやデータ作成、時間がかかりそうなこと、自分でコントロールできないことは、早めに人に振って、効率的に依頼しておくことができます。

簡単なところから攻めてみる。もしくは、ひと通り手をつけてみる。

いずれも、早めの成功体験をものにすることが目的です。

「クイックヒット」は、「アーリーウィン（初期段階での成功）」ともいわれますが、タイムマネジメント能力を鍛えるうえでは、ビジネスパーソンとして早い時期に身につける〝勝利の方程式〟といえるかもしれません。

「マル4分割方式」で仕事エンジンが回り出す

自分の予定、時間管理のために、スケジュールとともに「TO DOリスト」（やるべきリスト）をつけている人も多いのではないでしょうか。

最近は、パソコンのカレンダー機能を活用している人も多いですし、またパソコンやスマホをクラウド化している人もかなり増えてきました。

私は、スケジュールはグーグルカレンダーを利用して、パソコンとスマホを同期させて管理していますが、TO DOリストをはじめとする仕事、業務の管理はポストイットを使って目につくところに貼っています。理由は、機動的な管理ができるからです。

たとえば、私の手帳には、さまざまな「やるべきこと」を書いた付箋がいくつも貼られています。

付箋であれば、関連事項を仕分けするのも便利だし、他のページに移動するのも簡単です。

当然のことながら、片付いたことははがしていく。そのときには、パソコンやスマホの操作にはない、ちょっとした達成感が味わえます。

小さなマルが、ふり返りと気づきに役立つ

手帳には、案件の右側に小さなマルを4分割したマークが書かれています。

付箋に書いた「やるべきリスト」はわりと中長期的な案件が多いのですが、それとは別に、短期的な課題については逐次、手帳に列記しています。

その項目ごとに、4分割のマルを付けているのです。

これは進捗状況の確認と、モチベーションを高めるための方法です。

ある課題の仕事量を1つのマルと考え、全体の4分の1が済んだと思ったら、マルの右上4分の1を◔のように塗りつぶすのです。

半分が終われば、右下の4分の1をさらに塗りつぶす。そして、左下の4分の1、最後

は左上の4分の1……、という具合に、作業の進捗に合わせて、マルを時計回りに4分の1ずつ塗りつぶしていくわけです。

「マル4分割方式」は、非常におおざっぱな進捗管理です。4分の1済んだかどうかも、判断は自分の考え方しだいです。

とてもシンプルなやり方ですが、仕事の全体像を確認し、ふり返るためには十分機能的です。

この問題をクリアしたから、半分まで進んだと考えてもいいのではないか。最後の4分の1は、あの案件を片付けないとクリアできない……。という具合に、**4分の1のスペースを塗りつぶそうとするごとに、ふり返りをし、あらためて気づきを得るのが**、この「**マル4分割方式**」なのです。

そして、4分の1ずつ塗りつぶした跡は、プラス思考でモチベーションを維持するための「進捗度の見える化」でもあります。

プラス思考でいくためには、最初の4分の1を塗りつぶしたときは、「まだ4分の3も残っている」ではなく、「もう4分の1が終わった」

2つ目の4分の1を塗りつぶしたときも「まだ半分残っている」ではなく、「もう半分も終わった」です。

つまり、塗りつぶしは、自分への〝ご褒美〟なのです。

自分の課題を自主的に淡々とこなしていくには、自分なりの小さな〝ご褒美システム〟をもっているだけで、モチベーションもぐっと高まるのです。

工程の細分化は、タイムマネジメント能力も高める

この方法については、いったいどれくらいの仕事量を1つのマルとしてとらえるのかという素朴な疑問もあるかと思います。大きな目標を1つのマルとしたのでは、4分の1を塗りつぶす時期がなかなか訪れません。

そこで、最初に書き出すリストはできるだけ細分化することをおすすめします。1つの案件でも、その内容をいくつかに書き分け、それぞれにマルをつけるのです。そうすると、

やるべきことも自然と整理されていきます。

工程を細分化して考えることは、仕事の進捗の検証や準備、そしてモチベーション維持に効果があるだけでなく、結果的にタイムマネジメント能力も高めます。

これくらいの仕事量なら、これくらいの時間でできそうだという、仕事に対する時間感覚が身につきます。もちろん、仕事の進捗具合の目安もつけやすくなりますから、自分の時間管理も考えるようになります。この流れがあってこそ、仕事エンジンの回転が加速していくのです。

「マル4分割方式」は、タイムマネジメントの基本ツールとしては、シンプルでありながら、かなり効果的でもあるのです。

タスクをゲーム化する

仕事というのは、成功体験による喜びや達成感を味わえる一方で、当然のことながら、煩わしさや苦労も伴います。とくに若いうちは、悪戦苦闘の連続ですが、それも成長の糧《かて》になることは間違いありません。

タイムマネジメントも、最初は要領を得ず、意味もないバタ足が多くなったりもします。しかし、毎日の雑事も楽しむ余裕を心のどこかにもてると、「時間の質」が違ってきます。同じことをやっていても、苦痛の時間が楽しい時間にもなるのです。

大切なことは、やらなければいけないこと、やるべきこと、やったほうがいいことなど、自分に課されたさまざまなタスク（課題）をゲーム化していくことです。

数値や量を把握することが、ゲーム化のポイント

先にお話しした「マル4分割方式」も、実は業務管理のゲーム化です。仕事自体をゲームと割り切ることはなかなかできませんが、ゲーム感覚のノリでやることはできます。相手あってのゲームというより、自分とのゲームです。

第2章で、上司を少し高みから観察する話をしましたが、あれもゲームのようなものです。映画のスクリーンを見ているように、客観的に、人ごとのように上司を見てみるのです。どうしてここでこんな発言をするのか？　何か過去にトラウマになるようなことがあったのか？　今日は奥さんと喧嘩をしてきたのか……？　という具合に人間観察をするのです。

そんなふうに、自分のなかにゲーム感覚をもち込むことで、いつのまにか苦手だと思っていた上司とも、苦手意識をもたずに向き合えるようになるかもしれません。

タイムマネジメントは、日々の仕事のなかでも、ゲーム化には格好のテーマです。

いま抱えている仕事を、自分が見立てた予定通りにできるか。全体の仕事量を1日ごと

に分けたときに、どれくらいの量になるのか。自分の平均的な1日の仕事を仕分けしてみると、どの時間にどれだけの時間を費やしているのか。

そんな自分の時間使いについて予測、検証、修正を繰り返すうちに、自分でも気づかなかった新たな発見が生まれます。そして、効率的な時間の使い方も見えてきます。

単に感覚的に意識するのではなく、視覚化することでゲーム性が出てきます。つまり、数値や量で把握することがゲーム化のポイントです。

私はゲームで遊ぶように仕事をして、仕事をするように真剣に遊ぶことを理想としています。

必死から余裕のある時間使いへ

私は、中学校のころから問題集の端っこを、1ページ終わるごとにハサミで三角形に切り取っていました。まだ切られていないページと、切り取られたページの厚みがだんだん変化していくのが楽しいわけです。

「おぉ、とうとう、ここまできたか」

端っこの凹凸を手で感触を確かめながら、予定通り進んでいることに満足感を覚えたりするわけです。そして、最後のページをハサミでちょんと切るときは感無量です。ゲームで勝ち誇ったような気分になります。

高校時代は、進学校の野球部にいたので、勉強と部活との両立が大変でした。定期試験のときは、勝負は試験前の1週間と試験期間中の1週間だけです。その2週間、眠気と格闘しながら勉強していました。

そのころはコーヒーが飲めなかったので、ココアの中にコーヒーを入れて、カフェインを摂取していました。

またイスに座って勉強すると、つい眠ってしまうので、イスの上に立って勉強したりもしました。すると、ちょうどお腹のあたりに本棚の上段がくるので、そこに問題集を置いて、問題を解いていたのです。

知らない人が見たら滑稽な姿ですが、これも、限られた時間のなかで、どうしたら眠らずに勉強をするかという、自分との格闘ゲームです。

「どうしたらいいか？」そう考えて自分なりにトライ&エラーしてみることで、その苦労をどこかで楽しめるようにもなるわけです。

社会人ともなれば、単に時間との競争でしゃにむに頑張ればいいというわけにはいきません。時間の使い方について、自己分析もする必要があります。

より効率的な時間の使い方を見出すために、仮説を立て、実際にやってみて検証を重ねていくという、より厳密なタイムマネジメントが必要になります。

そういうときも、自分自身を〝実験材料〟にして、予想と結果を楽しむ感覚があれば、次の実戦につなげることができます。

この持続力あるトライ&エラーが、やがては「必死な時間管理」から「余裕のある時間管理」へとステージを上げることにつながるのだと思います。

そのためには、スケジュール表には予定だけを書くのではなく、実績を書く癖をつけてみることです。あとで見返すと、いかに自分が本当にやるべきことに時間をかけていないかがわかり、愕然とすることでしょう。でも、そのショックがタイムマネジメントの大きな第一歩となるのです。

期限ぎりぎりまで考え抜く習慣をもつ

ビジネスの現場で積極的な対応、行動をとればとるほど、さまざまな場面で「判断」を要することも多くなっていきます。

取引先との対応、折衝などに関わること、他部門と連携して進めるプロジェクト、社内ルールに基づく手続き、お金がからんでくることなど、一般社員が自分の一存では決められない問題は多々あります。

若いころは、わからないことや未経験のことも多く、迷ったときはその都度、上司の判断を仰げばいいのですが、少しずつ仕事を任され、ある程度の裁量をもって仕事に取り組むようになると、AかBかを判断する場面はやはり出てきます。

そのようなとき、必ずしも迅速な対応、行動がすべてではないことも知っておかなくてはなりません。

腰が重くてもいけない。しかし、拙速で判断を見誤ってもいけない。ビジネスキャリアを積んでいけばいくほど、この微妙なバランスをとりながら最適解を出していく力が求められます。

それは、スピード（時間）と仕事の品質とのバランスの問題といってもいいでしょう。若いころのルーティンワークについては、バランス感覚をもちながら仕事を進めていけばいいのですが、社長ともなれば、経営を左右しかねない問題について決断しなくてはいけないときもあります。

「最適解」をデッドラインの直前まで求める

いまはともかく、将来きっと重要問題に直面することを想定して聞いてほしいのですが、「最適解」を出すための原則のひとつをお話ししておきます。

とてもシンプルなものですが、判断を下すまでのデッドライン（期限）をつねに意識することです。そして、デッドラインぎりぎりまで、情報を集め、考え抜くことです。

私も社長時代に、経営を左右する重要な判断を迫られることは多々ありましたが、この原則を基本としました。

たとえば、新たな取引先2社の内、どちらと提携するかを判断するとき、その決断の期限まであと3日あるとすれば、私は2社の情報をぎりぎりまで集めたり、ときには個人的なルートを使って相談したりもします。

できれば現場の担当者の意見を聞いたり、自分の目で実際にその会社を見に行ってみたり、可能な限り1次情報に近い事実を集めます。

最後の最後まで、情報を集め、検討を重ねる。デッドラインの直前まで情報を集め切る。

それが私のスタイルでした。

若いころは、仕事に関わる重要な決断を自分1人でしなくてはいけないことは、まずないでしょう。しかし、このデッドラインを前提にした業務遂行は、日々のタイムマネジメントを考えるうえで、常に意識しておかなくてはなりません。

時間と品質のバランス感覚をもつ

業務のデッドラインを、上司に言われた通り素直に受けとめる姿勢は、決して悪いことではありません。

しかし、なぜその期限が設定されたのか、その期限内に仕上げるべき業務の品質はどのレベルのものなのかと、もうひとつ「先」を考える習慣が大切です。

これは、仕事を指示される立場としての「時間と品質のバランス感覚」です。ときには、指示された業務の目的をあらためて聞く必要もあるでしょう。それによって、求められる品質のレベルも違ってくるからです。

上司のなかには、期限をあいまいにする人もいます。「なるはや」が口ぐせのタイプもよくいるものです。

当然のことながら、そういう上司に対しては、期限も目的も正しく聞いておく必要があります。

あるいは、自分のほうから、いつまでならできると期限を提示すべきケースもあるで

しょう。その期限を守るために、上司の判断を仰がなければならない問題が残されているかもしれません。ならば、それを○日まで指示してくださいと言う必要もあります。

つまり、経験を積むほどに、デッドライン以外にも配慮すべき点が増えてくるのです。

そのプラスアルファの部分が、経営トップともなると、格段に増えてくるわけです。

それを限られた時間のなかで最後の最後まで見極めるのが重要な責務になってきます。

これこそが、「最高経営責任者」といわれるゆえんです。

重要な決断をする日は、急に訪れることもあります。だからこそ、限られた時間のなかで、何を考えるべきか、何をすべきかを、ギリギリまで突き詰めて業務を進める思考習慣が欠かせないのです。

「ラクをしてる」とささやかれて超一流

元巨人軍の投手で、いまは野球解説者の江川卓さん。現役引退が１９８７年ですから、いまの20代の人は、彼の現役のころはほとんど知らないと思います。

私はほぼ同年代で、自分自身も高校、大学と野球部にいたので、江川さんがいかにすごい投手であったかはよく知っています。甲子園に出場した高校時代は「怪物」といわれ、東京六大学リーグでも大活躍しました。

ただ、巨人入団時に、ドラフト制度の盲点を突くような巨人のやり方が批判を浴びて、マスコミからはずいぶん叩かれたものです。

入団後は、本格派速球投手として華々しい活躍をしましたが、マスコミからはどこか冷めた目で見られていました。

現役時代の後半は右肩痛に悩まされ、１００球くらい投げたところで崩れることが多かったので「100球肩」と揶揄《やゆ》されたり、肩への負担を考えて全力投球をしないこともあり、「手抜き投法」などと言われたりもしました。

しかし、右肩痛のことを知っていたのは、チームのトレーナーひとりだけだったといいます。彼はそれをひた隠しにして、投球数をセーブしたり、打者への対し方に工夫を凝らして、「手抜き」に見えるような投げ方もしていたわけです。

私はずっとこの江川選手のファンでしたし、江川投手の職業人としてのあり方に、一種の共感をもっています。

人の知らないところで鍛錬と節制を重ねるのが一流のプロ

私は、江川投手が実際に「手抜き」をしていたとは思いません。

打順が7番、8番あたりの選手に、中軸打者ほどの全力投球をしなかったのは、7番、8番という打順に見合う打力しかないと思えばこそです。これは妥当な判断です。

たとえ、たまたまポカリとホームランを打たれたとしても、それは野球というスポーツで普通に起こりうる事態の想定範囲内の出来事です。

投球数をセーブしていたのも、1回でも多く投げるためには当然のことといっていいでしょう。

つまり、プロとして少しでも長く、一流の選手であり続けるために、彼は当たり前のことをしていたといえるのです。

彼がプロ野球に入ったばかりのころだったでしょうか。ある雑誌のインタビュー記事に、食生活の節制ぶりなどが書かれていて、心を動かされたことがあります。

たとえば、夏場、知り合いの家に招かれたときに清涼飲料水などを出されても、絶対飲まなかったと。水以外の飲料で飲むと決めていたのは、牛乳だけだというのです。

彼は、自分の体づくりのために、1日2リットルの牛乳を飲むことを課していたのです。

一流選手なら少なからずそういうことはやっていますが、現役時代の江川さんが不幸だったのは、マスコミの報道姿勢のせいもあって、非常に誤解を招きやすかったことです。

一流のプロは、ラクしていると思われてなんぼです。手を抜いていると思われながらも、人から見えないところで、いかにやるべきことに心血を注ぐか。

天才打者と言われた長嶋茂雄（読売ジャイアンツ終身名誉監督）も、「プロなら陰の苦労を人前で見せるべきではない」と言っています。

人知れず、鍛錬と節制を積み重ね、その結果として、表に立ったときは、いかにもラクをしているように見える。そんな姿こそが、プロの真骨頂ではないかと思うのです。

時間の使いどころと、力の入れどころを心得る

江川投手に自分を重ねるのは少し気がひけますが、ビジネスマンとしては、私も若いころに似たような経験をしました。

就業時間中は、しゃかりきになって仕事をする。自分なりに工夫をして、作業の効率化も考えて、予定通りの仕事をこなす。そして、終業時間になると、「お先に失礼します」と、先輩や上司をあとにして帰っていたのです。

そうすると、職場で「岩田はラクをしているんじゃないか」とささやかれているのが、自然と耳に入ってくるわけです。

でも、定時に帰れるだけの濃密な仕事をしているつもりだし、実績もちゃんと残してい

た。だから、動じることもないし、つき合い残業などするつもりもありませんでした。

つき合い残業など、日本のビジネス界の悪しき習慣です。会社全体の労務管理からいっても当然〝撲滅〟していかなくてはなりません。

一ビジネスパーソンにとっても、つき合い残業をするくらいなら、少しでも早く家に帰って、ビジネス書の1冊でも読むべきです。そのほうが、よほど会社のためになります。

まわりにどう見られていようと、自分の時間の使いどころと、力の入れどころを知っている。それがプロとして胸を張るための条件のひとつではないでしょうか。

仕事の成果は、規則正しい生活のリズムから生まれる

一流のアスリートは、日々の生活習慣の決まりごとや、試合やレースに臨む際に自分に課している一連の動作、所作といったものをもっています。いわゆる「ルーティン」といわれているものです。

よく知られているのは、現在、ニューヨーク・ヤンキースで活躍しているイチロー選手です。試合前の準備運動の仕方や、クラブハウスで自らのグローブを手入れしたりする時間の過ごし方は、時計代わりになるほど正確だといわれています。

試合で打席に立つときは、ネクストバッターズサークルでの軽いバットの素振りから始まって、バッターボックスに入るときの屈伸運動、さらには、袖を引っぱりながら立てたバットを、センター方向に向けるしぐさに至るまで、いくつもの決まった動作が寸分の違いもなく繰り返されます。

これらの一連の動作を、儀式のようなものだと言う人もいますが、しかし、儀式の決まりごとの一つひとつに理由があるように、イチロー選手のルーティンにも、そうでなければならない必然性があるはずです。

ルーティンとは、傍目《はため》には、淡々とした動作、所作の繰り返しに見えながら、事を成すためにはなくてはならない重要な作業です。

このルーティンをおろそかにせず、同じことを誠実に続けていけるかどうか。そこに、一流と二流の違いがあるように思います。

小さいころ大相撲を見ていて、本番前に仕切りを何回もするのがじれったくて、すぐ取り組みを始めればよいのにと思っていました。

しかし、大人になって、よくその仕切りを観察していると、力士の顔つきがだんだん変わってきて、集中力が高まっていくのが、画面を通じてもわかるのです。

観客の期待を高める効果もあるのでしょうが、力と力がぶつかり合い、2人の力士が全力を出し切り、見応えのある取り組みにするための、なくてはならないルーティンだということが理解できるようになりました。

パフォーマンスを上げるためには、十分な睡眠が不可欠

ビジネスパーソンのライフスタイルでいえば、毎日の規則正しい生活のリズムをいかに維持するかが大切です。出退勤のリズムは同じでも、その背後にある私生活では、無茶をしがちです。睡眠不足はその典型です。

仕事さえきちんとやっていれば、オフタイムはどう過ごそうが自由。そう考える人もいますが、睡眠時間の違いが日中の仕事にも影響するのは言うまでもありません。正しい睡眠がとれてこそ、日中の仕事の記憶も定着することは、脳科学的にも証明されています。

私は若いころから、基本的には夜の12時には寝るようにしています。少し油断して1時ごろまで起きていると、翌日の調子が確実に悪くなってしまいます。1時間、睡眠時間が削られただけで、頭の働きがまるきり違ってくるのです。

かりに、日中の仕事時間が8時間だとすれば、深夜の1時間を延長して起きているために、日中の質の高い8時間を手放しているようなものです。

本来あるべき日中の時間の質を、劣化させてしまっているのです。

日中の時間を良質なものにするために十分な睡眠時間は、少なくとも私には不可欠です。社長時代には夜の宴席もしばしばありましたが、二次会はだいたいお断りするようにしていました。あまり意味のないおつき合いと、自らの体調管理をはかりにかければ、経営責任者としての判断は自ずと明らかです。

ルーティンを淡々とこなせる人間に、勝利への道が開ける

ビジネスパーソンとして大切にすべきルーティンは、規則正しい生活習慣だけではありません。スキルアップをはかるための勉強、教養を積むための読書、新聞の購読、そして、毎日当たり前のように交わす挨拶に至るまで、仕事そのものに時間を費やすとき以外にも、もつべき「型」があるはずです。

一つひとつのルーティンは、仕事の実務など本質的な部分に比べれば、あくまで付属的、補完的なものです。

しかし、本質的な部分を完遂するために、なくてはならないのがルーティンなのです。

成果の80パーセントは、費やした時間の20パーセントから生まれるといった「80対20の法則」で知られるイタリアの経済学者、ヴィルフレド・パレートが好んだ、こんな言葉があります。

「静かに行く者は健《すこ》やかに行く、健やかに行く者は遠くまで行く」

私も好きな言葉のひとつですが、ルーティンを淡々とこなせる人間にこそ、勝利への道が開ける。そんなふうに言っているように思います。

あなたが社長を目指すのなら、その成否は、実は日々の目立たない生活時間のルーティンが支えていることを忘れないでください。

1つの分野で最低10冊は本を読みなさい

時間をテーマにしたこの章の最後に、学習効率の高い読書の仕方について、体験を踏まえてお話ししておきましょう。

読書といっても、趣味や教養のための読書というより、自己啓発的な、いわば勉強のための読書法です。

読書量と仕事の質は比例する

私は、大学生時代はあまり勉強しませんでした。最低限の単位をとって卒業できればいい、それくらいの意識でした。

しかし日産に入社してからは、仕事に関する本を何冊も買って勉強することを習慣化していました。勉強に対する目的意識が、ハッキリと自覚できるようになったからです。

工場の生産管理部門に配属されれば、『トヨタ生産方式』などの生産管理に関わる書籍。部品・資材の管理部門では、取引先の改善活動の指導に役立つQC活動などに関する書籍。販売会社に出向すれば、セールスに関する書籍……。という具合に、部署が変わるごとに、その業務に関わる書籍を手当たりしだいに読み漁るという感じでした。

私の経験でいえば、1つの部署の業務に関する本を、最低10冊読めば、その分野に関するかなりの専門知識が得られます。

そして、著者が違っても共通して強調されていることが、絶対忘れてはいけない重要ポイントであることがわかります。

セールスは、販売のセオリーから保険、話法、マナーに至るまで間口が広いので、サニー大阪に出向したときは、赴任早々に読んだ本は20冊を下らなかったと思います。お客様からお借りして押印した印鑑を、その場でティッシュで拭いてお返しするといった、ビジネスの基本知識も、そんな本のなかの1冊で学びました。

知識の吸収を高める読書法

1分野につき最低10冊。それは、毎日の勉強をルーティンとして位置づければ、数週間で読み切れる量でしょうが、私はこれはと思う大事な本は3回くらい読み返していました。そのぶん時間を費やすとしても、1回読んであやふやな知識のままでいるより、結果的に、学習内容の吸収効率はずっと高いと思います。

学生時代を思い出せばわかります。試験前に教科書を何回も読み返しているのに、いざ試験で問題を前にすると、何となく覚えているのに、答えがまったく頭に浮かんでこないことがよくあります。

あれほどフレッシュな頭脳をもっていた時期でさえ、ほとんど頭に入っていないのですから、記憶力が下降線をたどる歳ごろになれば、1回や2回読んで、著者の言っていることが理解できるとは思えません。まして良書と思ったのであれば、何回も読むのは当然だと思います。

読むときは、重要な箇所にマーカーで線を引きます。最初は黄色を使う。2回目に読むときは赤、3回目は青という具合です。

時間を置いて読むと、引く線の場所が違ったりして、自分の関心のもち方や理解の深まりが違うことを再確認できます。

読んでいて特に重要だと思った箇所は、本の余白に書き写すこともあります。書くことによって、頭に刻み込むわけです。そして、自分なりに気づいたことも書く。

2回目、3回目と読むうちに、著者が言っていることに違和感を感じるときは、自分の意見も書いたりする。そうして書き込んだことをあとで見返すと、自分が成長しているのを感じることができます。

20代のころは、しゃにむに本に体当たりしていい時期だと思います。仕事に関わる本だけでなく、自分が関心をもった分野は、1冊読んだら関連する本にも手をつける。そんなふうにして、芋づる式で本を読みつなぎ、関心分野を掘り下げていく。

私は特にドラッカーや司馬遼太郎など特定の著者の本はすべて読むようにしていました。

高い志と仕事への熱い思いが、知識の吸収効率も高めてくれます。

またそのように知識を吸収する時間をもつことで、明らかに普段の時間の質も変わってくるのです。

第4章

理不尽を喜べ、楽しめ

《逆境克服の法則》

逆境との上手なつき合い方、
壁の乗り越え方

どうもがいても
だめなときがある。
手を合わせるしか
方法がないときがある。
本当の目が開くのは
そのときである。

相田 みつを

「理不尽さ」を乗り越えてこそ一人前になれる

若いころは、現実社会の「理不尽さ」に立ち往生することがよくあります。

ビジネス社会には、理不尽なことは山ほどあります。上司の言動の二転三転や、仕事の無茶ぶり。ある日突然聞かされる会社の方針の大転換、無理を承知でコストダウンを押し付けてくる取引先の強引なやり方……。数え上げれば、きりがありません。

本書の冒頭で紹介した、日産時代の製造ラインの組長さんとの一件も、私にとっては理不尽とも思えるものでした。協力会社の人と麻雀をして、尊敬する上司、F係長に怒られたときも、最初は「なぜ?」と釈然としない思いが先に立ったものです。

ただし、ふり返ってみれば自分の理解不足や世間知らずなところが、「理不尽」と思わせていたところがあったのも事実です。

理不尽とは道理を尽くさないことですが、誰が尽くさないかといえば、強引なことを押し付けてくる相手のほうです。しかし、ありがちなのは、自分自身が意を尽くして考えず、こうむった事態に「理不尽」という言葉を当てはめてしまう勘違いです。

「強引だ」と嘆き、「横暴だ」と憤慨し、「いくら何でも」と嘆息をもらすことがあったとしても、それが果たして理不尽と言うほどのことなのか。そんなケースが、意外と多いのではないでしょうか。

理不尽は、ビジネス体力を強化する千本ノック

一方、何がどうあっても、「これは理不尽だ」ということがあるのも事実です。たとえ本当にそうではあっても、ここからが考えどころです。

つまり、理不尽に背を向けるか、立ち向かうか、です。

理不尽なことが多かれ少なかれ現実社会にあるとするなら、背を向けることは、その現実から逃避することになります。

理不尽なことにも大小あって、天変地異や悲惨な大事故のように、人知が及ばないことは、受けとめていくしかありません。しかし、ビジネス社会で起こりうる理不尽さは、た

いがいのものは乗り越えていくことができるものです。

私の場合は、追浜工場で一度は出入り禁止になっても、コツコツ「ＩＥ通信」を配ったことです。すると、一人、二人と話を聞いてくれる組長さんが出てきたのです。

立ち向かうといっても、正面から啖呵《たんか》を切ってケンカするようなことをしなくても、時が経つのをしばらく待つとか、迂回してゴールにたどり着くとか、乗り越えていく方法はいくらでも用意されているのが、ビジネス社会でもあるのです。

そういう意味では、理不尽に対しては、立ち向かうというより、「乗り越えていく」と考えたほうがいいかもしれません。

それと、もうひとつの観点としては、理不尽なことは、自分を鍛えるための「千本ノック」と考えたほうがいい。とくに若い世代にとっては、ビジネス体力をより強化するための筋トレのようなものです。

理不尽さを乗り越えていった先に、高い志を掲げる「大きな自分」の姿があることを忘れないでください。

「ねばならない」という〝心の縛り〟をとり払う

日産時代、ビジネスマンとしての私の最大のピンチは、30歳のころでした。

当時、産業機械事業部というセクションにいたのですが、前にお話ししたように、そこは乗用車ではなくフォークリフトを扱う、いわば〝本流〟からはずれた部署でした。そういう配属自体は、どこの会社でもありうることなので、決して理不尽な処遇というわけではありません。

むしろ、忙しい部署でないことが、私にはチャンスになりました。社内留学制度を利用してアメリカのビジネススクールでMBAを取得するという新たな目標を立て、アフター5を英語の勉強にじっくり充てることができたのです。

英語の実力も少しずつつき、かつて大阪の販売会社出向時の社長が栄転され、本社に帰ってきていたので、留学制度へ推薦をしてもらうこともできました。と、そこまでは順調に留学試験の準備は進んでいました。週刊誌の「英語名人」という特集記事にも写真入りで取り上げられたり、まさに前途洋々、希望にあふれた毎日でした。

上司との軋轢、仕事のミス、睡眠障害の果てに

ところが、定期人事異動で産業機械事業部に新任の部長が赴任し、その部長が、私の海外留学にあからさまに不快感をもっていたのです。

「どうしてあんなヤツが」という感じでした。また、「傍流の事業部からなぜ海外留学なのか?」という思いもあったようでした。

そもそも、最初から私とどうも波長が合わなかったのです。

部品の海外調達の仕事をしていたので、机で英語の辞書を引くこともあったのですが、それを部長は、就業時間中に留学の勉強かと、いちいち私の机をのぞきにくる。そんなことをされると、こちらも神経がピリピリしてきます。

さらには、直属上司の課長までが、どんどん仕事をふってくるようになったのです。普通は、社内制度で留学しようとする部下がいると、上司は仕事量もそれなりに配慮してくれるものだったのですが、まったく逆でした。

連日、深夜までの残業が続き、英語の勉強に充てる時間もほとんどとれなくなり、どんどん焦りが募っていきました。英語の試験も受けるたびに点数が落ちていきました。精神状態が安定しないので、仕事でもつまらないミスをするようになる。みんなの前で叱責されることもありました。まさに悪循環です。

そのうち、食欲不振、睡眠障害にも陥って、自分でも心がだんだん壊れていくのがわかりました。自分でおかしいとわかってはいても、坂道を転がるように体調を崩し、体重もがくんと減って、ついには夢遊病者のようになってしまったのです。

心がポキンと折れた状態です。もう、限界でした。

原点に立ち戻る決断も必要

そして、ある日。妻の前で、弱音を吐いてしまいました。

「もう大阪に帰ろう……」

涙を流しながら、ポツリとつぶやいたのです。

ところが、妻はそんな私の姿を見ても淡々としていました。日産の新入社員時代から私を見てきた妻ですが、彼女はもともと肝のすわったところがあります。

ある日、こんなふうに言うのです。

「あなた、マンションの前に花が咲いているの、知ってる？」

その言葉を聞いたとき、ふっと我に返る自分がいました。私は毎日その前を通っているはずの花壇の花に、気づいていなかったのです。

妻はことさら「頑張れ」と励ますわけでもなく、「大丈夫だから」と慰めるわけでもなかったのですが、そのひと言が、私を暗い穴から引き上げてくれたのです。

我を忘れていた自分がいた。穴の中に落ちていた自分がいた。そして、「やらねば、やらねば」とひたすら焦るだけの自分がいました。

そんな自分を、もうひとりの自分が見るような余裕が少し生まれたのかもしれません。

それから、私はひとまず仕事にしっかり向き合おうと決めました。

また叱責されるのではないかと、仕事が気になって、気になって仕方がなく、そんな中途半端な状態のままでは、英語の勉強にも力が入りません。だったら留学の勉強よりも、いま目の前の仕事に没頭したほうがいいと判断したのです。

会社から、アメリカの「トップ10スクール」に行きなさいという指定はありましたが、よく調べてみると過去にトップ30に留学した先輩が何人もいました。

それで、もう少し何とかなるレベルに目標も下げました。まず精神状態を安定させるのが先決だと、留学のことは頭から引き離すことにしたのです。

ひとつ高みから、上司と自分を見る

こうして本や講演などで、偉そうなことを言ってはいますが、私も「普通のおじさん」です。妻に救われたというのが正直なところです。

自分自身の精神のコントロールとして、ひとつ教訓をあげるとすれば、「ねばならない」という〝心の縛り〟を解くことが必要だということです。

こうした心の病は、簡単に魔法のように一瞬にして治るものではありません。

妻から近所で評判の良い心療内科へ行くことを強く勧められました。

正直、とても抵抗がありましたが、あまり何度も勧めるので、とりあえず予約をとろうと診療所を訪問すると、診察は3カ月も先だと言われたので、予約をとらず帰ってきてしまいました。

しかし、自分が「健全でない心の状態」であることを再認識することができ、また少し心が落ち着いたのです。


相性の悪い上司と巡り合うことは、ビジネスパーソンならよくあることです。

たとえ、その上司がどんなに性格が悪かったとしても、それも織り込んで向き合うのが「プロの部下」でしょう。よほどのことがなければ、部下が上司を変えることはできませんから、向き合い方を工夫しないと、こちらが参ってしまいます。

組織にとどまることを前提として、できることがあるとすれば、まず心のもちようです。

軋轢のある上司がいたら、同じ目線ではなく、少し高みから見ることです。

あくまで心のもちようですから、肩書の上下は関係ありません。上から見ようが斜めから見ようが、こちらの勝手です。

そして、自分自身も、もうひとりの自分の目で客観的に見下ろしてみる。この心の余裕は、切羽詰まっているとなかなか難しいものです。

身近に気づかせてくれる人がいれば助かりますが、精神状態が追いつめられたとき、よほどの信頼関係がなければ、他人にそういった心の悩みは打ち明けられないし、打ち明けられたほうも、背負いきれない大きな重荷になってしまいます。

かつて私は、精神的に調子が悪くなると、「どうして自分はこんなに苦しんでいるのに、まわりはわかってくれないのだろう」とよく思っていました。

しかし、基本的に他人は何もわかってくれないということを認識する必要があります。

他人にとって、自分の心の調子が悪いことなど関係がないのです。人に甘えないで、きちんと自分自身に向き合うことがとても大切なのだと思います。

行き詰まったら、ハードルを下げる

アメリカのビジネススクールは、専門誌や教育機関によって、定期的にランク付けされています。総合ランキングもあれば、ファイナンスやマーケティングなど、分野ごとのランキングもあります。

ただ、留学先として、会社から指定されていたトップ10スクールの定義は、非常に曖昧でした。過去に留学した先輩たちを見てみると、トップ30くらいのビジネススクールに行っている人もいる。当時の私は精神的にかなり参ってしまっていたし、英語の点数ではトップ10スクールは難しい。ならばと、留学先の目標ランクを下げたのです。

そのころの私の選択肢には「ビジネススクールに行かない」という選択肢はありえませんでした。もし社内留学制度に落ちても、住んでいるマンションを売ってでも行くつもりでいました。留学を諦めてしまうと、いまのつらい会社生活が永遠に続いてしまう。絶対にここから抜け出すんだという強い気持ちがあったのです。**行き詰まったら、ハードルを下げる。これは、決して悪い選択肢ではありません。**その先にあるゴールさえしっかり見すえていれば、そのプロセスで乗り越えていくハードルを多少下げたところで、大勢にさしたる影響はありません。

残業が続く平日の勉強は棚上げし、その代わり、土日、休日に集中して取り組むようにしました。

ちょうど1週間ほどの夏期休暇に、MBA留学の短期集中コースを設けている予備校がありました。費用が給料の1カ月分もするので、受講するかどうか迷っていると、その受講料を、妻がポンと出してくれたのです。

小さな寺子屋みたいな予備校でしたが、経営者は志が高く、また人柄も良かったので、その影響もあってか生徒同士がとても仲が良くなりました。

私は数学が得意だったので、留学生の基礎学力試験として課せられるGMAT《ジーマット》の問題の解法を教えたり、教材をシェアし合うなど、互いに助け合いながら勉強をしていました。

心をリセットして留学対策に臨んでいた私にとっては、そのなごやかな雰囲気がとても合っていました。

現実と折り合いをつけながら、理想に突き進む柔軟性をもつ

2年間の留学生活は、ビジネスマンというより、人として、私の世界観を大きく広げてくれました。2年間違った文化のなかで生活をすることは、家族にとってもかけがえのない期間となりました。もちろん、ビジネススクールで米国流の経営学の核心に触れることができましたし、一方でその限界（これは第5章で詳しくお話しします）も知ることができました。

第1章で、理想と現実の狭間で揺れているときは、理想に軸足を置くべきとお話ししました。それは、正しい原則論だと思います。

ただ、現実を100パーセント排除できるわけではありません。

厳しい現実も受けとめつつ、理想になお邁進《まいしん》する。それが、「理想に軸足を置く」という意味です。

ときには、現実との折り合いをつけていくために、頭の切り替えも必要になってきます。ある脳科学者によれば、私たちの脳には、現実と折り合いをつけて精神の安定を保つ「切替脳」ともいうべき機能をもつ脳領域があるそうです。

人間が進化させてきた脳には、そんな柔軟性がある。人生においても、ゴールにたどり着くまでの道のりに、しなやかな柔軟性があっていいはずです。

そもそも経営というのは、一見相矛盾するいろいろなことと、どう折り合いをつけていくか、その格闘の繰り返しです。

短期的視点か、長期的視点か？　お客様の立場か、従業員の立場か？　価格優先か、品質優先か？　理念か、目先の売り上げか？

まさしくいろいろなイシュー（問題）のバランスをとっていくことが経営者、つまり社長の仕事そのものなのです。

直属上司とソリが合わなくても、「斜めの上司」がいる

ビジネススクールでは、マーケティング、ファイナンスと、経営学のさまざまな分野の勉強をすることができました。設定されたテーマを実践的な観点からディスカッションするグループスタディでは、世界中から来た学生たちと熱い議論を交わしました。授業の準備やハードなグループスタディなど勉強は大変でしたが、とても充実した毎日でした。

留学生活の2年目。そろそろ、帰国後の仕事も気になっていたころ、本社から、上の職階に進むための昇格試験の通知が送られてきました。同じタイミングで留学していた日産の1年後輩がいたのですが、彼のもとにも、私と同じ昇格試験の通知が来ていたのです。

通知を手に、私にいろいろ質問してくる彼の話を聞きながら、私は思わずハッとしました。自分が「1年遅れていること」に初めて気づいたのです。

当時の日産のような日本的風土の大会社では、入社10年目くらいまでは、ほとんど出世には差が出ない年功序列システムがまだ残っていました。つまり、昇格試験を受ける時期も、ほとんどの同期が横並びのはずだったのです。

それが、1年後輩が私と同じ昇進試験を受けようとしている……。これは、日本に帰ってからあらためて知ったことなのですが、私の昇進は、同期に比べると1年以上遅れていたのです。30代前半で「1年以上の遅れ」というのは、当時はありえない格差でした。

留学前の上司の人事考課の評価が原因のようでした。MBAを取得して、勇躍、帰国して、その成果を少しでも活かしたいと思っていた私にとっては、冷水を頭から浴びせられたようなものでした。

「斜めの上司」から評価されることもある

帰国して配属されたのは、自動車の部品を海外から調達する部門でした。ですから、日々の業務では英語を使うことも多くなりました。

担当していた会社の一つが、アメリカのBOSE《ボーズ》というスピーカーメーカーでした。

実は、私が留学中に初めて買った電気製品がBOSEのスピーカーでした。「サーキットシティ」という電気屋さんで初めて聴いたときの衝撃はいまも忘れません。小さなスピーカーなのに、とてもきれいで迫力のある音が気に入って買ったのですが、そのBOSEの担当になったのです。

BOSEは、当時、日産の海外向けの高級車に装着されていたのですが、設計部門はBOSEは値段が高いので、他の海外メーカーに変更したいという意向をもっていました。そこで私が単身、BOSEのボストンの本社に価格交渉に行くことにしたのです。

BOSEはMIT（マサチューセッツ工科大学）のアマー・G・ボーズ教授が、既存のスピーカーに満足できず、自分で設計してつくったことを起源にもつ会社です。とても技術志向の強い会社で、自分たちの商品に自信をもっていました。やすやすと納入コストを下げるような感じではありませんでした。

しかし、私はBOSEの経営陣を前に、思いきり熱弁をふるったのです。

「私はBOSEの大ファンだけれども、このままでは他社に切り替えることになってしまう。ぜひコストを下げていただきたい」

まさに体当たりの熱弁でした。

数週間後、大幅なコストを下げる通知が来ました。しかも、ハーバードのMBAをもつ営業部門のトップの取締役からお礼状が送られてきたのです。その礼状に、こう書いてありました。

「あなたは、我々の目を開かせてくれた！」

これは、私にとって輝かしい成果でした。

国際的なバイヤーとして頑張っていたという自負もありましたが、一方で心にはどうしても引っかかるものがありました。「1年以上の遅れ」という評価のハンデです。目の前の仕事はもちろん一所懸命していたけれど、何となくやり切れない思いもくすぶっていたのです。

そんな私に、「拾う神」が現れました。

同じ海外調達部にいたI次長が、部課長が出席する人事考課の審査会で、「岩田の評価が低すぎる」と、評価の見直しを強く提言してくれたのです。

実はI次長は、直属の上司ではありませんでした。他の部門からやってこられ、直接一緒に仕事したことがない、いわば「斜めの上司」でした。「斜めの上司」が、直属の部下でもない私を、あと押ししてくれたのです。理由は詳しくはわかりませんし、再評価を提言してくれたのも、実はあとで知ったことですが、私は異例の特進が認められ、ようやく同期と同じレベルになることができたわけです。

I次長とは、特別親しかったわけではありません。しかし、組織ではこういうことも起きるのです。

まわりからの応援を、着実に成果につなげる

あなたを見ているのは、直属の上司だけでも、さらにその上の上役だけでもありません。タテに仕切られたラインからはずれたところで、見てくれている上司も必ずいるはずです。**「斜めの上司」が、人事異動で自分を引っぱってくれることもあれば、陰で応援してくれることもある。ときには、逆境から救ってくれることもあるのです。**

そう考えれば、いまの上司とウマが合わないことなど、さしたる問題ではないと達観できます。いま、不本意な配属だと感じていたとしても、ここは、自分の頑張りを「見てもらうチャンス」なのだと思い定めることもできます。

私の場合は、留学前に、ソリの合わなかった上司との間で大きな軋轢があった。留学は果たせたものの、「1年以上の遅れ」というハンデを背負うことにもなった。しかし、自分を信じて頑張り続けていたときに、I次長の〝救いの手〟が差しのべられたわけです。

加えて、気運の上昇を予感させることが起きました。

ある日、同じ大学出身の経理部門の先輩から、「財務部門で社内公募があるから、それに応募するように」と電話がありました。今度は先輩が手を差しのべてくれたのです。

私は即座に手を挙げることにしました。MBA取得者を手放したくない購買部門担当の副社長は、会議の場でクレームをつけていたようですが、公募とあれば引き止めるわけにもいきません。

結果、希望通り財務部に配属されることになりました。当時、3兆円のお金を動かしていた花形部署です。私がビジネススクールで学んだ知識を存分に生かせる部署であり、とてもダイナミックな仕事ができました。

ひとつの成果は、「次の成果」に向かう始まりでもあったのです。

虚勢を張ってはいけない。弱点をさらけ出せ

自分が「普通のおじさん」と言われることは、まんざらでもない。実際そうなのですから。リーダーは、決してタフで頭の切れるスーパーマンである必要はありません。むしろ、弱さもさらけ出せることが、人の上に立つ人間の資質ではないかと思っています。

人間、誰しも弱点や欠点はある。ただ、それを自覚している人と、していない人がいる。そして、さらけ出せる人と、覆い隠してしまう人がいる。

自覚できていない人は論外でしょうが、普通は、自覚するがゆえに、どうしても覆い隠したがる。

他人に、自分の弱点や欠点など知られたくないと思うのは心情です。しかし、防衛本能が先に立ってしまうと、まわりとの意思疎通まで遮断しかねません。前にお話しした、会議の席の「無言の罪」と似たようなものです。

逆境に陥ったときには、その防衛本能がアダとなって、孤立したり、自分で自分を追いつめてしまうこともあります。

自分に欠けているものを自覚することは、成長するための原動力になります。そして、あえて人前でさらけ出すことで、成長のスピードを速めることができます。逆境からの立ち直りも早いに違いありません。

知らないことも、虚勢を張らずに「知らない」とはっきり言えるか。謙虚に教えを請う姿勢を見せることができるか。これが、成長のカギをにぎっているといっても過言ではありません。

20代の虚勢は、百害あって一利なし

日産退社後、私がある会社に移って社長に就任する直前、まだ特別顧問という肩書だったときに、その会社の会議に出たことがありました。

その会社で社長になることが決まっていたので、いろいろ勉強はしていましたが、商品

のことなど、専門的なことはまだまだ知らないことがたくさんありました。会議の議論を聞いていても、理解できないことが出てきます。

そこで、「ちょっと初歩的な質問で申し訳ないけど……」と、質問をしました。

次期社長としてその会社に行ったわけですから、少しでも早く、より多くの知識を吸収したい。率直にそう思っていたのです。

ところが、会議が終わったあと、そのとき社長を務めていた方にこう言われたのです。

「岩田さん、あんなこと質問しないほうがいいよ。恥をかくから」

この言葉を聞いたとき、私はびっくりしました。

リーダーが虚勢を張って権威を取り繕うと、部下を無用に緊張させてしまいます。それは、決して良い緊張感ではなく、ただ委縮させるだけです。

この社長はいつも自分を大きく見せることを考えているように見えました。そして、よく部下をみんなの前で怒鳴りつけたりしていたのです。

萎縮した相手には、どんなに言葉を重ねても、思いは伝わりません。心の扉を閉ざしてしまっているからです。

これは、リーダーだけの問題ではありません。

若手の社員が欠点や弱みをひた隠しにするかのように虚勢を張るのは、上司からすれば“可愛げのない部下”です。

大人社会ですから、あからさまではないにしても、アドバイスをする口数も減り気味になるのは道理です。

「不勉強で知らないので、教えていただけないですか?」「わからないので、もう少し説明していただけますか?」と言える勇気を、ぜひもってほしいと思います。

20代の虚勢は、百害あって一利なしと考えるべきでしょう。

謙虚な人間になっても、へつらう人間にはなるな

私の好きな言葉に、中国・清代末期の政治家、曾国藩《そうこくはん》の「四耐四不訣《したいしふけつ》」があります。

冷に耐え、
苦に耐え、
煩《はん》に耐え、
閑《かん》に耐え、
激せず、
躁《さわ》がず、
競わず、
随《したが》わず、

以《もっ》て大事を成すべし。

冷ややかな目や冷遇に耐え、苦しみに耐え、煩わしいことに耐え、やるべきことのない閑《ひま》な状態にも耐える。そして、つまらないことに激したりせず、わずかなことで騒いだりせず、人とは競わず、人に無闇に従うような人間にはならない。こういう心得をもって、大きなことを成し遂げなさい。――こんな意味になります。

前半の「四耐」に出てくる「冷」「苦」「煩」「閑」は、ビジネスパーソンに起こりうる境遇とも重なります。また後半の「四不」のほうは、組織に生きる人間の心構えや行動規範に通じるものとして受けとめることができます。

日頃のあなたを重ね合わせてみて、どうでしょうか。

決しておもねらず、部下の役割に徹する

たとえば、「競わず」

出世の階段を上っていくことを考えれば、否が応でも競争になってしまうのが組織社会ですが、しかし、血眼になって競争したところで、人望や実力が伴わなければ、人の上に立つことはできません。それも、組織社会の根本原理です。**戦うべき相手は自分自身であって、他人ではない。**そんな意味にとらえることができます。

難しいのは、「随わず」かもしれません。

「フォロワーシップ」をテーマにした第2章でお話ししたように、基本的に、上司に従うのは部下の役割です。従わずして、その務めを果たすことはできません。

しかし、上司をお客様と考え、その満足度を高めることを目的とするなら、「随う」の意味は、もう少し掘り下げて考える必要があります。

それは、寄り添いはしても、おもねったり、媚《こ》びへつらったりすることではない。**ときには、一歩引いて上司を高みから見る視点も必要です。そのうえで、部下という役割に徹する。プロとして従うとは、そういうことだと思います。**

部下としての本分を守り、誇りをもちながら従う

私には、ちょっとした苦い思い出があります。

社内制度での留学前、部長との軋轢でノイローゼ状態になったときのことです。鬱々とした思いでいる私を見て、妻が「部長にお中元でも出したら？」と言ったのです。それぐらいで上司との関係が修復できるならと、妻なりに私を気づかったのでしょう。

私はそういう〝付け届け〟を社内の人間にすることなど思ってもいませんでした。しかし、そのときは心身ともにまいっていたので、抵抗はありましたが、妻の言うことに素直に従ったのです。

そして、お中元が部長のお宅に届いたころ。朝、会社に行って部長とすれ違い、目が合うと、その部長はニヤッとしたのです。

それは、ありがとうといった笑みや、そんなことしなくてもいいよ、といった気遣いの表情ではなく、一瞥《いちべつ》しながら、「へえ、お前がそんなことするのか」とでも言いたげな嘲笑のように感じました。人をあざけるような冷たい笑みでした。

私はとても後悔し、もう二度とこんなことはしたくないと思いました。今でも人生の汚

点だと思っています。

繰り返しますが、どんな上司であろうと、上司は「お客様」です。しかし、そのお客様に、猫なで声ですり寄るようなマネは、する必要はない。

それは、プロの部下としての本旨にもとる。曾国藩の言う「随わず」も、おそらくそういうことなのだと思います。

媚びへつらうために、部下は上司に従うのではありません。

冷に耐え、苦に耐え、煩に耐え、閑に耐えてでも、部下としての本旨を守り、組織人としての目的（ミッション）を達成するために従うのです。

人は信じても、人のすることは信じるな

ここで、リーダーになったときの自分を想像して、みなさんに考えてほしいことをお話ししたいと思います。前出の曾国藩の「四耐四不訣」でいえば、「激せず、躁がず」が問われるような場面にあなたが遭遇したとき、どうするか。

「人」ではなく「人のする仕事」を疑ってみる

たとえば部下や人に仕事をお願いするとき、上司に問われる基本姿勢とは何でしょう。

「人は信用するが、人のすることは信用するな」

これは実は、私が日産時代に尊敬していた上司、F係長に事あるごとに言われていたことです。

当時まだ部下がいなかった私に、F係長がそう言っていたのは、たとえば、部品を納入する協力会社の生産体制を管理する仕事を念頭に置いたものでした。

あるとき、協力会社の部品の生産が遅れ、車体組み立て工場のラインがストップしかねないという事態が起きました。自動車の生産は、ラインが1分止まれば１００万円の損失が出るといわれていました。

慌てて協力会社の工場に駆けつけて現場を視察すると、部品についている指紋を一つひとつ拭いている作業風景が目に飛び込んできたのです。おそらく、日産側からの要請として、指紋ひとつない、きれいな状態で納品せよと言われていたのだと思います。ですが、部品はどのみち、組み立て工場に行った段階で、人の手が触れることになりますから、納品段階で指紋を拭くなど、何の意味もありません。

こんなとき、協力会社の人に向かって「なんてムダなことを！」と非難しても始まりません。

仕事をやるときは、多くの人はそのやり方を良かれと思ってやっています。悪気があるわけではありません。

つまり人に問題があるのではなくて、やり方に問題があるのです。人がやることには必ずミスや誤解がある。人は信じてもいいが、その人がやることは信じてはいけない。その峻別をしろと、F係長は言っていたのです。


上司が部下を指導するときも、同じことです。

人間を信頼することと、している仕事を信頼することは別です。

人は信頼しても、する仕事は疑ってかかれ。これが部下の仕事をマネジメントするということなのだと思います。

人を信用しながら、その人がすることを疑うというのは、リクツとしては矛盾しているようにも思えます。しかし悪意がなくても人は必ず忘れたり、ミスをしたりするものです。そのために、上司も部下も、細かいチェックが必要なのです。

上司は、部下が指示を理解しているか、復唱させることが大切です。また部下も、こまめなホウレンソウと、指示を復唱することで信頼をつくっていきます。

自分が「井の中の蛙《かわず》」であることを忘れない

「夜郎自大《やろうじだい》」という言葉があります。自分の力量を知らずに、仲間うちだけで威張っている様子を言い表していますが、言葉の由来は、中国・漢の時代の歴史書『史記』に出てくるエピソードです。

漢の時代に、西南の地に「夜郎」という小さな国がありました。

同じ地域には少数民族による国が10ほどありましたが、そのなかでは、もっとも大きな国でした。しかし漢に比べればちっぽけなものでしたが、漢とは交流もなかったので、夜郎の国王は、自分の国が一番大きいと思っていたのです。

あるとき、漢の国から使者が来ました。その使者に、夜郎の国の王は、

「漢の国と夜郎の国とは、どちらが大きいのかね」

と、いかにも自分の国の大きさを自慢するかのように尋ね、身のほど知らずを露呈したというわけです。

同じような意味で使われる言葉に「井の中の蛙《かわず》、大海を知らず」というのもあります。こちらは、同じ中国の古典『荘子』に由来します。

さて、この夜郎の国王や、井戸の中のカエルのようなことが、ビジネスの世界でもよく起こっています。大会社の看板を背負って仕事をしていると、何気ないときに、「夜郎自大」の気配がひょっこり顔を出すことがあります。

知っているつもりの世間は狭い

夜郎の国の王は、いわば世間知らずが自信過剰にもなっていたわけですが、社会人としてそれなりに世間も知っていながら、尊大な態度をとる人もいます。

夜郎自大は、社会人経験の浅い若い社員だけが陥ることではなく、ベテランのビジネスパーソンであっても、尊大にさせてしまう環境に長くいるほど、〝習性〟として染みついてしまいます。

世間を知っているつもりでも、結局はその〝世間〟は狭い。身のまわりの小さな世界が、自分の目を曇らせ、もっと広い世界にいる人からすれば、夜郎自大に見えてしまうのです。

私がスターバックスの社長を辞任したあと、ある懇意にしている旧知の友人から、ベンチャー企業を立ち上げようとしている青年を助けてほしいと頼まれました。

彼は大手企業の経営戦略室という中枢部門に勤めていました。新しい事業は、既成業界の大手寡占体制に風穴を空けようというチャレンジでした。

私はその社会的意義に共感して、お手伝いをすることにしました。必要資金も数十億円を超える規模でした。一緒に資金を集めるために、数十社の投資ファンドや大手企業投資家を回りました。

投資家のなかには、いわゆるオーナー経営者もいました。一代で現在の会社を築き上げた人で、苦労もしているので、人生の酸《す》いも甘いもわかる。人を見る目も当然もっている。

しかし、会談の場で、青年の口から出てきたのは、大会社の枢要ポストで自分がいかに力をふるってきたかという話ばかり。自分が載っている雑誌のコピーも持参して、滔々《とうとう》と自分が大会社のエリートであることをにおわすのです。

それを傍《かたわら》で聞いていて、「あぁ、わかっていないなあ」と思ってしまいました。

私のそれまでの転職経験や、社長を務めてきた感覚でいうと、自分を相手にわかってもらうには、経歴書に書いてあるような過去の成功体験を並べたてるより、若者らしい自分の「志」や「夢」を語ったほうが、アピールポイントが高いのです。

相手はすでに、彼の実績やキャリアはある程度わかっているから、関心を示して会ってくれているわけです。もっと知りたいのは人柄であったり、信頼できる人間かどうかということなのです。

失敗から学び、自分の器の大きさを知る

大会社で中枢の部署にいても、一歩外に出ればそんな肩書きは「それで？」ということになります。社内でしか通用しないキャリアをもち出しても、苦労してきた経営者にとっては何のアピールにもならないのです。むしろ自分でパン屋さんを始めたけれど、つぶしてしまったといった、失敗体験から得た学びを語るほうが、よほど説得力があります。

話を若い人たちの視点に戻せば、**これからどのようなキャリアを積んでいこうと、それは広い世間から見れば、ちっぽけな世界でしかないということです。**それを忘れてしまうと、成功体験を積むほどに、夜郎自大が頭をもたげてしまう。

これは、大企業にいる人だけが陥ることではありません。どんな会社にいようとも、社会人の階段を上り始めたときから気をつけなければならないことです。**失敗や挫折をして初めて、自分自身の人間の小ささに気がつく。これは胸に刻み込んでおかなければなりません。**

私がザ・ボディショップの社長を務めていたとき、ある大手のファッションビルに出店をしたことがありました。いつものように、オープン日にお店に朝早く行き、店長さんと一緒に近隣のお店にご挨拶に伺いました。

ちょうどそこに、そのフロアを担当する若い責任者の方がおられたので、「よろしくお願いします」とご挨拶をしたところ、「大いに頑張りなさい！」ととても偉そうに言うのです。

私はもちろんその場で「ありがとうございます。頑張ります！」と頭を下げました。しかし内心「この人は勘違いしているな」と思いました。

一方、その会社の本社にも訪問して、副社長さんや専務さんにご挨拶に行ったことがあります。訪問日には、担当の部長さんなどが、早くから玄関で待ち受けていて、役員フロアまでエスコートしてくださいました。帰りには役員の方とともに、我々が見えなくなるまで、ずっとお見送りをしてくれ、とても恐縮したことを覚えています。

これが同じ会社なのかと、目を疑ってしまうほどでした。この会社の現場は総じて、テナントにとても偉そうに「お店を出させてやる」という感じがしていました。自分が大会社にいることや、立場が強いことを勘違いしてしまう人が多いのは、とても残念なことです。

第5章

熱いうちに打たれろ

《人間力の鍛え方》

若き時代につくられる
「社長としての器」とは？

私の最大の光栄は
一度も失敗しない
ことではなく、
倒れるごとに
起きあがることにある。

オリバー・ゴールドスミス

人間力の鍛錬なくして、社長にはなれない

日産でアメリカ留学後、国際部品調達を経て、財務部という花形部署に配属され、充実した日々をすごしていたときのことです。私は600億円の社債発行による資金調達や、70億円の利益を出した金利スワップ、あるいは3000億円の売掛債権の流動化など、広く金融に関わる業務に携わっていました。

仕事はとても面白かったですし、留学で学んだ知識がそのまま使える部署でした。ただ、その一方で、心のどこかに焦りにも似た思いがあったのです。

せっかくビジネススクールで経営について学んできたけれど、日産という大会社で、自分は経営者、つまり取締役になれる可能性は、どれくらいの確率なんだろう？　かりにその可能性があるとして、あと何年頑張れば……。そんな思いがくすぶっていました。

13年前、新入社員として配属された購買管理部で、先輩、上司の前で、「日産自動車の社長を目指して、頑張りたいと思います」と宣言したあの日。

そこからここまで来るには、いろいろ紆余曲折はありましたが、社長を目指すという志は、心から離れることはありませんでした。

財務という花形部署にいたものの、取締役になれるまでにはあと20年以上はかかる。いや、20年待ってもその保証は何もない……。

日産という大会社ではなくて、思い切って外で腕を磨く道もあるのではないか。そんな思いにかられるようになったのです。

当時、37歳。私は、日産を辞めて、別の〝登頂ルート〟を歩むことにしたのです。

志をまっとうするために、ひたすら貪欲になる

日産を辞めて就職したのは、ジェミニ・コンサルティング・ジャパン（現ブーズ・アンド・カンパニー）というコンサルティング会社でした。コンサルタントとして「経営の現

場」を学ぶためです。

このコンサルタント時代にも、たくさんのことを学びました。パワーポイントでのプレゼンテーションの仕方に始まって、経営分析のツールを使い、問題点の抽出とその解決法などのスキルを身につけていきました。

そんな分析ツールのなかには、私が日産時代に学んだTQC（トータルクオリティーコントロール：統合的品質管理）活動のツールに似ているものも多くありました。

帰りはいつも夜の12時過ぎ。クライアントへのプレゼンが近づけば、帰宅が夜中の3時、4時になることもしばしばでした。タクシーに乗って行き先を告げると、後部座席で倒れ込んで寝ていました。

家に帰りお風呂に入って、1時間寝て会社に行く。そんな状態が1、2週間続くこともありました。後に妻から言われたのですが、「あのころは本当に死ぬんじゃないかと思っていた」そうです。

まさに「24時間戦えますか？」という、当時流行《はや》っていた栄養ドリンクのキャッチコピーの世界。疲れはしても、非常に濃密な2年間でもありました。

ただ、2年目も後半のほうになると、靴底の外側から足を掻《か》いているようなもどかしい思いも抱えるようになったのです。

あるイギリス系の保険会社の業務改善のプロジェクトに携わったときのことです。プロジェクトが進むなかで、イギリス人社長がリストラをやりたがっていることを感じました。多くの問題点はあるものの、社員のみなさんは一所懸命仕事をしている。私は「リストラなんかするべきではない」とも提言したのですが、プロジェクトが終わってしばらくすると、大リストラが敢行されました。

かなり強引なリストラだったので、管理職ユニオンに訴えられ、会社のビルのまわりを赤旗を持った人たちが取り囲んで抗議行動をしている姿が、テレビで映し出されていました。

プロジェクトで親しくなった担当者に電話を入れても、つながりません。

「だから、言ったのに……」という気持ちでしたが、このときコンサルタントとしての限界を痛切に感じました。

当たり前ですが、いくら良い提案をしても、実行するかしないかを決めるのはクライアント、実行するのもクライアントなのです。

もう一度、実業に戻りたいと思っているときに、ヘッドハンティング会社から、日本コカ・コーラが新しく購買部門を立ち上げようとしているのでどうか、という話があり、条件も良いのでコンサルから、外資系企業へ転職を決意しました。

日本コカ・コーラでは、コンサルの経験とともに、日産時代の経験が生きました。調達部長として、飲料缶や段ボールの購買を担当し、大幅なコスト削減の実績を残すことができました。共同調達会社の設立を行い、コカ・コーラボトラーとの共同調達や、購買戦略立案にも携わりました。

日本コカ・コーラは非常に国際的な職場でした。重要な決断は社内の枢要ポストを占める外国人、もしくは本社アトランタの意向で決められていました。私は、関連会社で常務執行役員にもなりましたが、現状ではどこまでいってもあくまでも〝現地ワーカー〟の一人にすぎないという印象でした。

そのままコカ・コーラに残っていたら、豊かな老後も想像できましたが、私は引き続き経営者になりたいという夢を強くもっていました。このままコカ・コーラにいても、いわゆる「経営の勉強」はできないだろうと感じ始めていました。

そんな思いを強くしていたときに、再びヘッドハンティング会社から声がかかったのです。アトラスというゲーム会社から「後継者」を探しているという話でした。

リスクをとって経営者の道へ

アトラスはプリクラで一世を風靡《ふうび》した会社ですが、上場した後、3期連続赤字になって、大量の不良在庫を抱えていました。その創業者に、「白紙のキャンバスに君の好きな絵を描いてくれ」と口説かれたのです。

半年ぐらい、悩みました。去るには惜しい世界一のブランドのコカ・コーラ。行くにはリスクの高い赤字のゲーム会社……。

ただ、このままコカ・コーラにいても経営の勉強はできない。アトラスは赤字だけれど、「2、3年かけて君に譲りたい」と創業者が言ってくれている。仮に失敗しても経営の勉強ができるだろうと、私は思い切って、取締役社長室長としてアトラスに入ることにしました。

そして、入社後半年で副社長になり、「アトラス・リバイバルプラン」をつくって再生を図ることになりました。

さらに半年後、私は生まれて初めて社長になったのです。

アトラスでは、社長として、過ちや失敗もおかしながら、社長というポジションの大変さや難しさを身にしみるほどに学ぶことができました。もちろん、やりがいは、その数倍も感じることもできました。

当時のアトラスはプリクラなどの不良在庫の処理で約70億円の赤字を出していました。企業再生のために大切なのは、不良資産の処理よりも、次の成長戦略を明確に描くことでした。事業の中枢を担うのは、プリクラ、ゲームソフト、そしてゲームセンターの3事業部です。

プリクラの事業部は、私が入社したときはすでに、プリクラを製造していませんでした。ライバル企業からプリクラと同様の機械を買ってきて、アトラスのロゴを付けて売っていたのです。

プリクラを最初に世に出したのはアトラスなのに、これでは情けない。さっそくプリクラの開発組織の立て直しを図りました。開発に1年ぐらいかかりましたが、「やまとなでしこ」という、当時名機といわれたオリジナルのプリクラが完成。これがヒットしました。プリクラの開発ラインを2ラインつくって、年間2機種を安定的に出せる体制にしました。

次にゲームソフトの事業部。「女神転生」というロールプレイングゲーム（RPG）の看板商品があったのですが、ファミコン向けのシリーズ1、2が大ヒットしたあと、新作が8年間も出ていませんでした。すぐにリーダーを交替し、ゲーム開発体制を立て直した結果、「女神転生3」を1年ちょっとで開発し、35万本の大ヒットとなったのです。

3つめの柱、ゲームセンターの事業部は、「ムー大陸」というブランド名で二十数店舗の店を出していました。

当時のゲームセンターのフォーマットは、「駅前に200坪」というのが一般的でしたが、事業部の現場から、千葉県の郊外に1000坪のゲームセンターを出したいという提案が上がってきました。

社内の意見は真っ二つに分かれました。しかし私は、出店の決断を下しました。結果的に「ゲームパニック」というブランド名で、当時、日本で一番いいゲームセンターだといわれるほど大成功を収めました。

アトラスの社長として、３事業部ともそれぞれ、次の成長の芽をつくることができました。ただ、当時のゲーム業界では、アトラスの２２０億円程度の売上規模では、生き残るのは難しい。そう思っていたときに、おもちゃのタカラがゲーム会社を求めているという話が証券会社から舞い込んできたのです。

タカラも一時業績が悪くなった時期がありましたが、その後、V字回復していました。犬の声を人間の言葉に変換する「バウリンガル」や、家庭で缶ビールをビールサーバーのように注げる「ビールアワー」などヒット商品が続いていたころです。

アトラスの創業者にタカラの社長と会ってもらうと、30分ぐらいで話がまとまりました。私は社長在任２年でしたが、けじめをつけようと思っていました。

ところが、タカラの社長からは「自分は攻めをやるから、岩田さん、守りをやってくれ」と常務取締役経営本部長というポジションを提示されました。悩みましたが、私はタカラに移ることにしました。15年間ずっと独立系でやってきたアトラスの社員たちには、少なからず動揺があったはずです。**その不安が、「元社長」の私が移籍することで少しは**

やわらぐだろうと考えたのです。

タカラはその後、タカラトミーとなりましたが、人材もそろっているし、社風も伸び伸びとしていて、とても良い会社でした。ただ、私の職責はあくまで常務。ですからアトラスのときほど会社を動かしている実感はありませんでした。ですから、アトラスの吸収合併の余韻も落ち着けば、いつかは潮時がくると思っていました。

とことん挑戦し続ける

タカラに移ってしばらくして、イオングループからイオンファンタジーというゲーム会社の経営者候補にという話がありました。当時、年商は約６００億円、一部上場もしていました。結果的にその話は流れたのですが、イオンの人事トップの専務さんに気に入っていただき、〝次の椅子〟を提示してくれたのです。

「岩田さん、ローラアシュレイとスポーツオーソリティとザ・ボディショップがあるけど、どれがいい？」

いずれもイオンが日本でフランチャイズ展開して、イオンモールの中などで、店舗を多く構えていた会社でした。さらに、こうも言ったのです。

「ただ、ザ・ボディショップは社長が交代するのが決まっているから、早く社長になれるよ」

その言葉を聞いて、私は即決しました。

しかし、実はザ・ボディショップのことはよく知らなかったのです。慌ててネットで検索してアニータ・ロディックという創業者の書いた『BODY AND SOUL』（ジャパンタイムズ）という本を買って読んでみました。すると、驚くことばかりが書かれてありました。

化粧品会社だけれども、会社の経営理念は「社会変革」です。早くから化粧品の動物実験に反対していたり、環境問題、フェアトレードも20年以上前から取り組んでいました。

私の心を一番つかんだのは、「セルフエスティーム」という考え方でした。化粧品会社にも関わらず、外観の美しさよりも、内面の美しさを大事にしようという考え方、その理念と強いメッセージに、感銘を受けたのです。

ザ・ボディショップに社長として入社して、4年間で売上が2倍になり、利益も5倍になりました。一般的に、ブームが過ぎたブランドを立て直すのは難しいと言われていますが、うまく再成長させることができ、イギリス本国からも株主であるイオンからも、非常に高い評価をいただきました。

売上や利益が伸びたことよりも、私がもっともうれしく思うのは、社員、スタッフのみなさんたちに、創業者アニータのような仕事に立ち向かう情熱と、仕事を面白がる楽しさを取り戻させたことです。この従業員満足を大切にしたからこそ、業績の再成長も成し得たと思っています。

ザ・ボディショップの社長を務めて４年になろうとしていたころ、ヘッドハンティング会社を通じて、スターバックスコーヒージャパンからＣＥＯ候補にどうかという話がありました。

私はスターバックスを一利用者として大好きだったので、すぐ書店に行って、本国アメリカのＣＥＯを務めるハワード・シュルツが書いた『スターバックス成功物語』（日経ＢＰ社）という本を買ってきました。読んでみると、スターバックスはとても人を大切にする会社であることがよくわかり、ぜひ入りたいと思いました。

こうして私は次の新たな挑戦へと向かうことになったのです。

社長への道は、人間力を養う道

私の転職履歴をお話しさせてもらいましたが、いずれの会社も、私が社長に就任したのは、経営が低迷していたり再成長を模索していた時期でした。試行錯誤はありましたが、目標としていた実績を残すことができました。

ただ、不思議なことに、トップマネジメントの職を得て、山の頂上を極めたような気分になったかというと、実はそうでもないのです。

胸を占めていたのは達成感より、その重責に震える思いでした。

そしてまた、自分の人生をふり返って思うのは、常に目標（山）をつくり、それがほぼ達成されると、また次の新たな目標を追いかける自分がいるのです。

そして、その「山」を何度か登っているうちに、あらためて気づいたことがあります。

社長への道のりには、人を成長させる大きな「何か」があるということです。

挫折も苦労もし、ときにはいわれのない中傷を受けることもありました。良かれと思ってやったことが恨みを買ってしまうこともあります。いつも見られている存在で、何度もその場から逃げ出したくなったこともありました。自分の非力さに落ち込んだことも一度や二度ではありません。

しかし、その都度、少しずつ「何か」をつかんできたように思います。

社長を目指す努力というのは、人間力の鍛錬そのものではないかと思います。逆に言えば、人間力の鍛錬なくして、社長を目指すことはできないということです。

これから、リーダーに欠かせない「人間力」について考えてみたいと思います。

合理性だけでは、経営の本質はわからない

社長を目指す人にとって、なぜ人間力が必要なのか？　そこからまず考えてみましょう。「経営は人なり」という言葉があります。「企業は人なり」「組織は人なり」ともいいます。いずれも、会社の運営は人材がカギを握る、だから人を大切にせよ、育てよ、という意味合いで使われます。

もうひとつ突っ込んで言えば、人が理解できなければ、人を大切にし、育てることもできない、ということです。

「人を理解する」とは、**人が働く動機**とは何なのか、**人**はどんなときに**仕事の喜び**を感じるのか、**人と人**とのチームワークはどのような**状況**で**最大の力**を**発揮**するのかなど、**組織内における人**のすべての**特性**と**傾向**について知ることです。

その「人」のなかには自分自身も含まれます。そして何より自分自身が何者であるか、自分自身を知ることが一番大切なことです。

つまり、経営者として、人間の本質がわかっていないと責任ある経営はできない。**経営者に求められる人間力には、自分自身を含めた人間の本質を見極める力が必要だということです。**

ここで、重ね合わせて考えてみたいのは、私が、アメリカのビジネススクールで学んだ経営学です。

経営者は「人」を知らないと務まらない

欧米流の経営学の本質をひとことで言えば、合理性の追求です。

合理性の追求をするために、あらゆるものを定量化、すなわち数字に落とし込んでいきます。この定量化による合理性の追求は、経営においては欠かすことのできないものだと思います。

ただ、果たしてそれだけか？　という素朴な疑問が、留学時代から私のなかでくすぶっていました。

合理性追求のなかで、「人」はいったいどこにいるのか？

定量化のしようがない「人」を、ビジネススクールではどう考えるのか？

その答えが、なかなか見えてこない。何か釈然としないものを感じていたのです。

たとえば、第1章で紹介したホーソン実験。労働者の生産性に一番影響を与えるのは、部屋の環境や給料といった外的要因ではなく、目的意識や規範意識といった内的要因であるという結論には、人間の本質が浮かび上がっているように思います。

生産性の向上という合理性の追求は、「人の心」なくしては語れない。それが１００年も前の実験でわかっていながら、現代の欧米流の経営学では、どこまでとり入れられているのか？

私はビジネススクールの〝授業にはないもの〟への飢餓感をもっていました。

そのため、私は夏休みや冬休みの長期休暇を利用して、『論語』『孟子』『老子』王陽明など、東洋哲学の本をむさぼるように読んでいました。**欧米流の経営学で満たされないものを、東洋哲学のなかに見出そうとしたのです。**

私なりに得た確信としては、やはり経営には、合理性だけでは片がつかない、東洋的な人間観がなくてはいけないのではないかという思いでした。

ここで、先ほど触れた、「経営者に求められる人間力には、人間の本質を見極める力が必要である」という話に結びつきます。

経営者は「人」を知らないといけない。それが、経営の本質であると。

社長を目指す若い人たちには、「人」を知ることがいかに大切かということを、深く心に刻み込んでほしいのです。

真剣に競える
ライバルをもて

「人」を知る訓練は、若いうちからできます。人を見抜く力を備えるまでには時間がかかるにしても、「人」を見続けることはできます。それがトレーニングになります。

職場は、人間観察の格好の場となります。

ただし、漫然と見ているだけでは意味がありません。

まず、自分なりのフィルターをもって見ることです。フィルターとは、問題意識と言ってもいいでしょう。

上司を見るにしても、「部下からついていきたい」と思われる上司はどうあるべきか。同僚を見るにしても、部下としてはどうあるべきか、仕事に向き合う姿勢とはどうあるべきか。そんな問題意識をもってこそ、相手の人となりもよく見えてきます。

そして、もう1点。「人」を深く知るには、**相手と深く交わる必要もあります。**単に仲良くすればいいということではなく、ときには怒鳴り合うほど議論を戦わせたり、好き嫌いに関係なく、相まみえる場をもつということ。実際に対面する場をもつだけでなく、互いにいつも意識し合っているだけでも〝交わり〟になります。

ライバルの存在は、「自分」を知るための鏡のようなものです。

認め合えるライバルをもつ

私の日産時代にも、ライバルと目していた同期がいました。

Mは東大の出身ですが、一般的な東大出身者のイメージとは違って、とてもカッコいい。脚は長いしスタイルもいい、そしてイケメンで、もちろん頭は切れる。完全に初めからエリートコースに乗っていて、幹部候補生として、かなり意図的な部署の異動をさせられていました。

新人の研修で初めて顔を合わせたのですが、ひと目見て「あ、コイツできるな」と思いました。そして、どことなく「イヤなやつ」とも感じていました。

私とは真逆のタイプでしたが、案の定、研修中いろいろな場面で議論をしていても、意見がことごとく対立するのです。

Mの言うことは、よく言えば非常に論理的、悪く言えば冷めた意見が多い。私はその「冷たさ」に違和感を感じていたのです。

人としての肌合いが、根っこのところで違う。そう感じながら、一方で「こいつだけには負けたくない」というライバル意識が芽生えていたのです。

まわりの同期からは「Mは岩田の天敵だな」とよく言われていました。

研修後の配属先は別々でしたが、やがて、私と同じように、Mも車のセールスの現場に出されることになります。同期の仲間内で情報交換をしていると、Mの販売実績の噂も耳に入ってきます。聞けば、女子大生と仲良くなって、合コンパーティを開いて、そこで人脈をつくって車を売っているといいます。一軒一軒、汗をかきながら飛び込み訪問していた私とは、まるきり発想が違う。

軟派ではあるけれど、仕事ではスマートに実績を残していました。車のセールスでも、たしかMは、私と同じように社長賞をもらったはずです。

私からすれば、いけすかない「東大出のチャラ男」だったのですが、そんなMが、私が日産を辞めることを知ったとき、思ってもみない態度を見せました。

真剣な顔で、私を引きとめたのです。

「岩田、なんで日産を辞めるんだ！」

顔を真っ赤にして、怒るような口調でそう言いました。

他の同僚たちが、「お疲れ様」とか「さびしくなるね」などと当たり障りのないことを言うなかで、Mだけが私に感情的な言葉をぶつけてきたのです。私を上から目線で見るようなところもあった、あのMが……。

私にとっては意外でしたが、反面うれしくもありました。

あぁ、Mはオレを認めてくれていたんだなと。

自分が心を開けば、相手の隠れた一面も見えてくる

人間というのは、わかりやすい、ひとつの属性だけをもつ生き物ではありません。

私たちは人をとらえるとき、象徴的な個性だけをフレームアップして人物像としがちで

すが、人間はもっともっと多面的で複雑な生き物です。頭ではそうわかっていながら、「あぁ、あの人はこういう人だから」と規定したがる。

そんな表層的なとらえ方をしていると、やはり「人」を見誤ってしまいます。

会社の同僚も、良き仲間でありながら、出世を争うライバルでもあるという側面をもっています。この二面性を考えただけでも、「人」としてのとらえ方、向き合い方は、そのときどきで違ってくるはずです。

人を一面的にとらえるのは、人間観としてまだまだ未熟です。ライバルMは、私にそんなことを教えてくれたように思います。

あなたの身近にも、ソリの合わないライバルがいるかもしれません。

そのライバルが窮地に立っていたとき、果たして、あなたは手を差し延べられるでしょうか。「気に入らない」という一面だけでライバルを見ていたら、おそらくそんな心の余裕はないかもしれません。

しかし、こちらが心を開けば、向こうも心を開く。

開いた心の扉の向こうに、いままで気づかなかった一面が、顔をのぞかせることもあるはずです。

隠れていた一面は、相手がひたすら隠そうとしていたのか、あなたがあえて目をそむけていたのか、それはわかりません。

確かなのは、隠れた一面も含めて、そのライバルの「人」としての姿であるということです。

忘れてはいけないのは、ライバルに手を差し延べるあなたの姿を、まわりの上司や同僚も見ているということです。あなたの「人」としての評価もそこで決まってきます。

ライバルには負けない気概をもつ。しかし、手を差し延べる心の余裕も忘れない。

組織のなかで「人」を見続けるということは、そんな自分の「人」としての評価にも関わってくることを心にとめておいてください。

良き上司を見て、自分の人間力に磨きをかける

まわりの人間を見続ける視線は、鏡の反射のように自分に返ってきます。ライバルであれ、上司であれ、「人」を見続けるということは、自分へのふり返りにつながります。**ふり返ることで、自分が磨かれる。それが、自分の人間力を鍛えるということになるのだと思います。**

私にとって、ふり返る機会を何度も与えてくれたのは、やはり日産時代の上司、F係長でした。

直属の部下であったのは、わずか1年程度ですが、その間、車体溶接工場で見た「火花の散る瞬間」を、仕事の本質として説いていただいただけでなく、仕事への向き合い方、職業人としての基本姿勢を一から叩き込んでくださいました。

言葉で直接言われたこともありましたが、F係長のそばにいて〝無言の教え〟として学んだことも数多くあります。

何気ない行動にも、F係長の人柄が表れることがありました。

F係長と一緒に、協力工場を訪ねたときのことです。仕事を終えて急いで帰らなければならないとき、駅前でタクシーを拾うことになる。そんなとき、F係長は必ず日産車のタクシーが来るのを待っていました。

確率からいうと、タクシーはトヨタ車が圧倒的に多くて、日産車が通るのは5台に1台くらいです。それでも、F係長は待つのです。

自動車メーカーの社員なら当然と思うかもしれませんが、自社の前で拾うときなら多少は意識しますが、よそに出かけたときには、そこまで気にする人はあまりいません。

社会人になってまだ2年ほどの私には、F係長の姿は、愛社精神の象徴のように見えました。

しかし、その後もF係長を職場で見続けてきて、あれは愛社精神というより、F係長の誠実さがそうさせていたのではないかと思うようになりました。

誠実さ。

これは、リーダーとして欠かせない「人」としての姿ではないかと思います。

良き上司は部下に誠実である

リーダーのもつべき誠実さとは何か。

会社に対する誠実さ。顧客企業への誠実さ。そして、取引先企業への誠実さ。職業人にはさまざまな誠実さが求められますが、慕われるリーダーというのは、部下に対しても誠実です。F係長のことをふり返って、あらためてそう思います。

部下への誠実さとは、部下の育成に全力を尽くしてくれるということです。**自分のことは横に置いても、部下に教え込む時間と労力を惜しまない。ひとことで言えば、「無私」の姿です。**

口で言うのは簡単ですが、これはなかなかできるものではありません。普通は課長の手前くらいになると一番忙しい時期です。ですから部下のために十分時間を割くことが少なくなるものです。

しかし、F係長は違っていました。

F係長が部下に誠実であったのは、人として誠実な生き方ができていたからではないでしょうか。

私が、当時のF係長と同じくらいの年齢になったとき、自分がまったくF係長に近づけていないことを、あらためて痛感し、愕然としたものです。

良き上司を真似て、自分をふり返る

「to do good」より「to be good」であれ、とよくいわれます。

つまり、良きことをしようとする前に、良き人間であれという意味です。

アメリカのビジネススクールでは、合理的精神に基づいた「to do good」は教えますが、「to be good」については、「Business Ethics」（ビジネス倫理学）などごくわずかしか教える機会がないように思います。

ビジネスの世界で「良し」とされることをするのはいいとして、ただ、その前に「良き人間」でなければ、「良し」と思われていたことも、結局、人の道にもとることになります。

「良き人間」であるための「解」は、やはり、数字による解析や評価だけでは見えてきません。ビジネススクールで教える「クリティカル・シンキング」(批判的思考)で、「なぜ? なぜ?」を繰り返していても、「解」にたどり着くことはできないのです。

「人」は理詰めで考えるだけでは解き明かせない。組織人としてのあり方も、論理だけでは説明できない点が多くあります。理屈を超えて感情的、直感的に動くこともあります。それが人間だからです。

それならば、「良き人間」になるためには、どうすればいいのか?

まず、身近な「良き人間」をお手本にするのが一番です。その姿を真似ていくところからが出発点です。それが学びの知恵というものです。

「学ぶ」は「まねぶ」とも言い、「まねる(真似る)」と同じ語源とされています。

良き上司を真似て、自分をふり返る。その学びの繰り返しこそが、自分の人間力を磨いていく作業ではないかと思います。

人の感情を受けとめて仕事をまわすのがリーダーの役目

理屈や論理だけでは片がつかない、という話をもうひとつしましょう。

私の若いころの苦い体験ですが、上司のF係長が仕切った課内の会議のときのことです。何が議題で、どういう議論をしたのかはまったく覚えていないのですが、私と1年先輩のSさんが口角泡を飛ばすような論争になりました。

当時は私も生意気で、相手が先輩であっても、異論があれば、ストレートにぶつけていました。そのときも、S先輩の言っていることが、どう考えてもおかしいと思った。そのおかしい点を遠慮なく指摘したのだと思います。

それに対して、S先輩が反論する。さらに、私がその矛盾を論破しようとする。そんな繰り返しです。私としては、100パーセント自分のほうが正しいと思っていました。

結局、S先輩と私の論争は平行線をたどり、それを聞いていたF係長の裁断待ちという雰囲気になったのです。記憶がやや薄れるのですが、印象として残っているのは、F係長はハッキリとした結論を出さなかった、ということです。

それまでF係長から受けていた懇切丁寧な指導ぶりからすれば、F係長は私の言うことは十分わかってくれているはずだと思っていました。ところが、ちらりとF係長の顔を見ても、ただ黙って聞いているだけ。F係長が私に軍配を上げてくれる気配はありません。かといって、S先輩の肩をもつわけでもない。

どういう形で、その場が収まったのか記憶は曖昧なのですが、おそらく両者の言い分をうまく調整し、その場では明確な結論は出さなかったのだと思います。

議論では、正論を押しつけずに、折り合いをつける

こまかい記憶はおぼろげながらも、この会議のひと幕がなぜいまだに忘れられないかというと、普段は明確な態度をとることが多かったF係長が、そのときは「曖昧な態度」で終始していたからでしょう。

当時の私からすれば、その曖昧な態度はF係長らしからぬものでした。なぜ、F係長がそのような態度をとったのか、聞いたわけではありません。しかし、いまから思えば、それはチームで仕事をまわしていくための、F係長なりの判断だったのだろうと思います。

私とSさんはかなり感情的になって言い合っていましたから、どちらに軍配が上がっても、チーム内で2人は険悪な空気を引きずることになったと思います。かりに、私が論理的に正しかったとしても、Sさんは私の先輩です。その先輩の顔を潰すわけにはいかない、という配慮がF係長に働いたとも考えられます。

つまり、F係長の会議の場での最重要課題は、仕事を滞りなく進めること。それに差し障りのあることは、曖昧な態度をとってでも排除する。そういう「大人の判断」が働いたのではないでしょうか。

仕事を滞りなく進める。この大事な点に、当時の私は気づいていなかったのです。ただ、S先輩を議論で打ち負かすということに熱くなって、F係長の上司視点にはまったく頭がまわっていなかった。

加えて、論争の当事者として、S先輩の意見との共通点を見つけるとか、折り合いをつけるという感覚もまったく働いていなかった。もちろん、S先輩の面目や体面を考えるという配慮もありません。前に触れた脳科学者の話でいえば、「共感脳」がまったく働いていなかったわけです。

そのときは自分が絶対に正しいと思っていた強い感情が、F係長の曖昧な態度のシーンに結びついているので、こうして記憶に残っているのだと思います。

みなさんも、今後リーダーとして議論の場をつくっていくときに、おそらく同じような場面に遭遇することもあるはずです。そのとき、白か黒かという二元論や、論理だけでは「場」をまとめられないことは知っておいたほうがいいでしょう。

人の情緒や感情も受けとめたうえで、明確な白黒をつけずに仕事をまわしていく。これも、リーダーにとっての大きな仕事ではないかと思います。

理念の一致と信頼基盤があってこそ、自由を手にできる

今後みなさんがリーダーとしての道を歩んでいくときには、部下に対する「信頼」の問題に必ず直面するはずです。

部下を信頼して仕事を任せられるか。部下を信頼して成長を期待できるか。あるいは部下を信頼してあとを託せるか。

社長になれば、そんな部下に対する信頼を前提に、経営の舵取りをしていかなくてはなりません。

私が社長時代に胸に深く刻んでいたのが、次の言葉でした。

「本質において一致、行動において自由、すべてにおいて信頼」

ドラッカーの著書で知ったのですが、もともとは、古代ギリシャのアリストテレスに発し、初期キリスト教会の原則にまでなった言葉だそうです。古くから伝わる言葉ではあるのですが、ドラッカーが言うように、現代の経営マネジメントの理想の姿がこの言葉には込められているように思います。

ルール化や監視は、部下を縛り想像力を失わせる

本質において一致、行動において自由、すべてにおいて信頼――。この言葉を私なりに、企業経営に置き換えて解釈すると、こうなります。

本質とは、会社でいえば経営理念やミッションととらえていいでしょう。

まずは、社員が一致して理念の共有ができていれば、基本的には社員一人ひとりの責任において自由であるのが理想。ただその前提としては、互いの信頼がなくてはいけない。

リーダーの視点でいえば、理念の共有と信頼関係の構築ができていれば、あとは部下に任せなさい、ということになります。

現実には、部下からの報告や、適切なタイミングでの上司からのアドバイスも必要でしょうが、原則としては、「本質において一致、行動において自由、すべてにおいて信頼」が経営マネジメントの理想だと思います。

ビジネスの現場では、ときに理念の一致をうたいながら、信頼基盤がなく、ルールで縛り、自由な行動を与えないというチグハグさが表面化することがあります。

たとえば、何千店の小売チェーンで、ある店舗のレジの売上記録と現金が合わないという事態が生じたときに、「ならば全店舗に即、監視カメラを設置しよう」となるのは、あまりに短絡的です。

企業理念として、「CSRの重視」や「顧客満足度の向上」とともに、「従業員満足度の向上」なども掲げているとすれば、従業員を監視するという対応は、企業側と従業員の間の信頼を損ねてしまい、もっと大切なモノを失ってしまうことにもなります。

一事のトラブルを契機に監視を強化するという発想は、あらゆる業務についてこと細かくルール化し、社員の発想や想像力、自律的な行動に縛りをかけてしまう、硬直した組織を生み出してしまいます。

ルール化や監視の前に、やはり「理念の一致」を見直すこと、そして「信頼の基盤」を再構築すること。これが先決ではないかと思います。

自由と責任の交換が、上司と部下の信頼関係をつくる

私がCEOを務めていたスターバックスには、接客マニュアルといわれるものはありませんでした。顧客サービスに関してあったのは、「グリーンエプロンブック」と呼ばれた、サービスの心得を定めたものです。

内容はいたってシンプルで、①歓迎する、②心を込めて、③豊富な知識を蓄える、④思いやりをもつ、⑤参加する、といったものです。これらもパートナーが共有し、あとは各店舗ごとの判断で、柔軟に対応するというものでした。

スターバックスが高いCS（顧客満足度）を誇り、多くのリピーターのお客様に支えられていたのは、ミッションの一致（共有）を前提として、信頼に基づいてパートナーの自由度を尊重した成果だと思います。

この企業レベルの話は、上司、部下の個々の関係にも通じています。

理念（本質）として共有すべきは、仕事に対する基本姿勢。これは会社任せではなく、やはり上司が仕事を通じて部下に語りかけるべきものです。

信頼関係の構築は、上司視点でいえば、自分がどれだけ本気で部下を育てようとしているかが問われます。

部下視点なら、実績の積み上げが欠かせません。

それらを前提としたうえで、上司は部下の自律性を育むために自由を与え、部下は責任と引き換えにその自由を手にする、ということになります。

私の尊敬する上司F係長が、私を取引先に送り出すとき、こう言ってくださいました。

「自由にやってこい。お前が失敗しても、日産はつぶれないのだから」

仕事に対する基本姿勢の共有と、信頼関係を前提にした自由な行動。これらが何よりも大切になります。

トップマネジメントを目指す人は、今から胸に深く刻んでおきたいことです。

大いなる力《パワー》には、大いなる責任が伴う

私が、ザ・ボディショップの運営会社のCEOを務めていたとき、会社の社長室には、全店百数十名のマネージャーさんの顔写真を飾っていました。もともとの目的はマネージャーさんたちの名前を覚えるためでした。1カ月もすると、名前と顔が一致するようになり、これは合理的なアイデアでした。またその一方で、私の感情を支えるアイテムにもなっていました。

社長をやっているとストレスを感じたり、落ち込むことも少なくありません。そのときはこの写真の笑顔を見て、元気をもらっていたのです。

「みんなが頑張っているんだから、自分も頑張らなくては。この人たちを少しでも幸せにすることが、自分の使命だから……」

そんな思いを、いつももっていました。

頑張ろうと思うのは会社の最高経営責任者なら当然のことですが、「いったい誰のために？」と考えたときには、社員の顔を思い浮かべるのも多くの一般的な社長の心情ではないでしょうか。

ビジネススクールでは「企業は株主のために存在する」と教えられますが、それは資本主義社会における理屈としては正しいかもしれない。

しかし、「経営は人なり」と考えれば、定量化された数値による合理性だけでは経営を語れないことも事実です。

一緒に苦楽をともにする仲間がいる。毎日、笑顔を見せてくれるパートナーがいる。そんな情緒的な喜びを、経営者は胸を張って誇っていいはずです。

その気持ちこそが、さまざまな苦難を乗り越えていくエネルギーにもなるのだと思います。

理屈や合理の「理」も確かに大切です。しかし、「情」を学び、人を知らなければ、経営はできません。人が集まる組織も引っぱっていくこともできない。つまり、経営は成り立たないのです。

仕事と人に誠実であれ

これからリーダーとして階段を駆け上がっていく人が、片時も忘れてならないこと。それは、責任感と使命感です。社員やその家族に対する責任もあれば、地域社会や広く世間に対する責任や使命もある。

職階が上がっていけば、それに応じた権力をもちます。究極は、社長になったときの強大な権力ですが、ぜひ覚えていてほしいことは、地位が上がるほどに、それに伴って責任が重大になるということです。

「大いなるパワーには、大いなる責任が伴う」

"Remember, with greater power comes greater responsibility."

映画『スパイダーマン』のなかに出てくるセリフです。

スパイダーマンの主人公ピーターに、亡くなったおじさんが残した言葉でした。私のお気に入りの言葉です。

この言葉のルーツをたどれば、貴族制度や階級社会が残るイギリスなどで浸透している「ノブレス・オブリージュ」という考え方に行き着きます。

「位が高ければ、徳が高くなければならない」という、貴族社会に根づいている「貴族の責任感」というべきものです。

企業社会に重ね合わせれば、権力のある者、すなわち役職者（究極は社長）は、その地位に応じた責任をもち、また人としての徳を積んでいかなくてはいけない、ということになります。

これをいまから、あなたにも意識してほしいのです。別の言い方をすれば、仕事と人に誠実であれ、ということになります。

「インテグリティ」をもち続ける

私は社長時代、「インテグリティ」（integrity）という言葉を大事にしてきました。

日本語では、「誠実さ」「正直さ」といった意味合いの言葉ですが、私はいつも「自分はまだまだだ」と思っていました。

この「インテグリティ」には「誠実さ」や「正直さ」といった訳語だけでは伝えきれないニュアンスがあります。オックスフォードの英英辞典には、integrity はこういう意味だと記述されています。

the quality of being honest and having strong moral principles.

つまり、誠実であるとともに、強固な倫理観をもち続けている状態だというのです。

単に誠実であるだけでなく、強い倫理観に基づいた原則を、常に維持し続けている状態が「インテグリティ」。先に触れた「to be good」（良き人間である）というのは、換言すれば、まさにこの「integrity」ではないかと思います。

誠実さを貫くためには、目の前に立ちはだかる壁や、まわりとの軋轢と真正面から向き合っていかなければなりません。自分の弱さからも目をそむけることはできません。

そのとき、強い意志を支えるのは、強固な倫理観。つまり、「人」としてどうあるべきかという原理原則です。

この倫理観があればこそ、「大いなる責任」も果たし、「徳を積む努力」をすることもできるのです。

本章は、社長への道のりは、いかに自分自身を成長させていくかがもっとも大切であり、人間力のすべてを高めていかなければならない、と伝えてきましたが、特に誠実さと強固な倫理観を貫く鍛錬が、その道のりで欠かせないのではないかと思います。

鉄は熱いうちに鍛えろ。その大いなる力を、世の中に役立てるために――。

明日からのあなたに、心の底からエールを送ります。

あとがき

「たいへんだったが、しかし素晴らしかったといえる人生を送りたい」

これは、『かもめのジョナサン』で知られるアメリカの作家、リチャード・バックの言葉です。私が大好きな言葉のひとつです。

志を高くもってビジネス人生を歩もうとすれば、苦難のひとつや二つ、必ずあります。しかし、それを乗り越えていったところには、必ず「素晴らしかったといえる人生」が待っているはずです。

そんな人生を歩む起点となるのが、20代という希望と情熱にあふれた時期です。

私も、51歳でスターバックスコーヒージャパンの社長に就任したとき、ふり返ってみれば、やはり20代で学んだことが、原点になっていたのではないかと思います。

本編で紹介したように、途中、険しい尾根道を歩いたり、〝登頂ルート〟を変えることもありましたが、「社長」という頂上に立ったときには、感慨もひとしおでした。しかし一方で、達成感というより、強い責任感でいっぱいでした。

社長という「山の頂」から見た景色は、多くの登山家がそうであるように、やはり登った人でなければわからない。それが、私の感想です。

本書のプロローグでも若干、その「景色」について触れましたが、言葉で伝えられるのはほんのわずかなことです。

早く社長になって、その景色を自分の目で確かめて！　ということではありますが、あえて言いますが、結果的には社長になれなくてもいいのです。

なぜなら、社長を目指して頑張り続けている、その過程が、すでに「成功」しているとも言えるからです。

それは志と理想に向かって突き進む、「挑戦」という山への登頂です。挑戦へのプロセ

スで、すでに制覇していると考えてもいいのです。

ただし、その「挑戦」という山は、そう簡単にギブアップできる山ではありません。挑戦を続ければ続けるほど、もうちょっと「上」へ、という意欲が湧いてくるからです。そう簡単にはやめられない面白さがあります。

そこに「山」があるから登りたくなる。登山家と一緒です。

だから、最後の最後まであきらめない。あきらめたらおしまいです。結果はどうあれ、あきらめず努力を続けることで「素晴らしい人生だった」と振り返ることができるのだと思います。

結果はどうあれ「社長」を目指して、自分の可能性を信じて、日々全力で仕事に向き合ってください。

もう後悔がないというほど努力をして、あとは祈るばかりという境地になれば、あなた

は自分という山を征服したことになります。

究極の目標は、「社長」という頂きではなくて、「自分自身」を征服することです。

ご健闘をお祈りします！

２０１３年８月吉日

岩田　松雄

岩田松雄（いわた・まつお）
プロフィール

元スターバックスコーヒージャパン代表取締役最高経営責任者。

リーダーシップ コンサルティング代表。

1982年に日産自動車入社。製造現場、セールスマンから財務に至るまで幅広く経験し、社内留学先のUCLAビジネススクールにて経営理論を学ぶ。帰国後は、外資系コンサルティング会社、日本コカ・コーラ　ビバレッジサービス常務執行役員を経て、2000年（株）アトラスの代表取締役に就任。3期連続赤字企業を見事に再生させる。

2005年には「THE BODY SHOP」を運営する（株）イオンフォレストの代表取締役社長に就任。店舗数を107店から175店舗に拡大しながら、売上げを約2倍にする。伝説の創業者、アニータ・ロディックからの信頼も厚かった。

2009年、スターバックスコーヒージャパン（株）のCEOに就任。「100年後も輝くブランド」に向けて、安定成長へ方向修正。ANAとの提携、新商品VIA（スティックコーヒー）の発売、店舗内wifi化、価格改定の実行など次々に改革を実行し、業績を向上。日本に数少ない“専門経営者”として確固たる実績を上げてきた。

2011年にリーダーシップコンサルティング設立。

UCLAよりAlumni 100 Points of Impactに選出される（歴代全卒業生3万7000人から100人選出。日本人は合計4名）。

おもな著書に、『「君にまかせたい」と言われる部下になる51の考え方』『「ついていきたい」と思われるリーダーになる51の考え方』（ともにサンマーク）、『ミッション　元スターバックスCEOが教える働く理由』『ブランド　元スターバックスCEOが教える「自分ブランド」を築く48の心得』（ともにアスコム）、『部下の心を1分で動かすマネジメントレターの秘密』（角川書店）、『スターバックスCEOだった私が社員に贈り続けた31の言葉』（中経出版）、『「今日こそ、会社を辞めてやる」と決める前にやるべき55のこと』（経済界）など多数ある。

リーダーシップコンサルティング　フェイスブック
www.facebook.com/Leadership.jpn

DTP　株式会社三協美術
編集協力　浦野敏裕（エディ・ワン）　鳥巣清典
編集担当　真野はるみ（廣済堂出版）

早く、社長になりなさい。

2013年10月3日　第1版　第1刷
2014年9月3日　第1版　第3刷

著者　岩田 松雄
発行者　清田 順稔
発行所　株式会社 廣済堂出版
〒104-0061 東京都中央区銀座3-7-6
電話　03-6703-0964（編集）
03-6703-0962（販売）
Fax　03-6703-0963（販売）
振替　00180-0-164137
URL　http://www.kosaido-pub.co.jp
印刷・製本　株式会社 廣済堂
ISBN　978-4-331-51744-4　C0095

ⓒ 2013　Matsuo Iwata　Printed in Japan
定価はカバーに表示してあります。落丁、乱丁本はお取替えいたします。